VERLAG

Eliahu Avichail

Judentum

Eine Einführung in die Grundlagen des jüdischen Glaubens und Gesetzes

Aus dem Hebräischen
von Meir Seidler

Verlag Roman Kovar

Zur deutschen Übersetzung

Ich danke Rabbi Aharon Schuster aus Jerusalem und Prof. Dr. Eberhard Klingenberg aus Tübingen für ihre sachkundige Hilfe bei der Übersetzung ins Deutsche.

Der Übersetzer

CIP-Titelaufnahme der Deutschen Bibliothek

Avihail, Eliyyahu:
Judentum : eine Einführung in die Grundlagen des jüdischen Glaubens und Gesetzes / Eliahu Avichail. Aus d.Hebr. von Meir Seidler. – 1. Aufl. – München : Kovar, 1989
Einheitssacht.: Yahadut ‹dt.›
ISBN 3-925845-12-7

ISBN 3-925845-12-7
1.Auflage 1989

Umschlaggestaltung: Ondřej Kohout, Wien
Druck: Druckerei Fritz Steinmeier, Nördlingen
Printed in Germany

INHALT

VORWORT

Dieses Buch ist für alle diejenigen geschrieben, die ein aufrichtiges Interesse am authentischen Judentum haben. Es soll dem Interessierten, der über keine oder nur wenig Kenntnisse des Judentums verfügt, ein allgemeines Bild von der Lebensweise des Juden geben. Insbesondere wendet es sich aber an Juden, die sich dem traditionellen Weg ihrer Religion wieder annähern wollen sowie Nicht–Juden, die sich mit dem Gedanken des Übertritts zur jüdischen Religion tragen und »Gerei Zedek« – aufrichtige Proselyten (griechisch, die Hinzugekommenen, Neubekehrten) – werden wollen. In der äußeren Form eines Gesetzeskodex werden hier, allgemein und bündig, alle Bereiche des Lebens behandelt. Ein Einblick in die Philosophie und Gedankenwelt, welche hinter den Geboten stehen, geht diesem voran, um dem Lernenden die jüdische Lebensweise näherzubringen. Für Juden und Gerei Zedek ist es nach der Lektüre dieses Buches empfehlenswert, Angelegenheiten der jüdischen Philosophie und Gedankenwelt zu studieren, da diese grundlegende Bestandteile sind, notwendig, dem Lernenden einen jüdischen Blick auf die Welt zu verschaffen und seinen Glauben zu festigen. Dann sollte er sich mit den Einzelheiten der Halacha (jüdisches Gesetz) in der verzweigten halachischen Literatur vertraut machen. Dafür gibt es viele Bücher in englischer Sprache. Dieses Buch verdankt sein Erscheinen der Überzeugung des Verfassers, daß ein entsprechendes Buch auf dem Markt fehlt. Wir hoffen, daß es jedem, der über das Judentum lernen will, nützlich sein wird.

Der Autor

GRUNDLAGEN DES GLAUBENS

DER GLAUBE

Die geistige Welt des Juden beinhaltet ein umfassendes und detailliertes System von Lehren und Weisheiten für alle Lebensbereiche und Lebensanschauungen. Innerhalb dieses Systems, über das viele Bücher geschrieben worden sind, gibt es Dreizehn Grundlehren, welche für jeden Juden verbindlich sind.

1. Zu glauben und zu wissen: Es gibt ein vollkommenes Sein, den Schöpfer, gepriesen sei Sein Name, den Herrn der Welt. Er ist der Ursprung aller Existenz. Alles, was existiert, ist von Ihm abhängig. Er aber ist vollkommen unabhängig.

2. Gott ist eine absolute und vollständige Einheit, eins und einzig.

3. Gott ist nicht materiell und nicht körperlich. Er ist nicht den Naturgesetzen unterworfen und kann mit menschlichen Sinnen nicht wahrgenommen werden.

4. Er war vor allem anderen. Er ist und wird in Ewigkeit sein.

5. Nur Ihm darf gedient werden. Seine Gebote und Sein Wille sind zu wahren. Keine anderen Existenzen (wie z.B. Engel und andere Naturkräfte) dürfen angebetet werden, denn sie sind von Ihm geschaffen worden.

6. Gott offenbart Seine Wünsche durch ausgewählte Menschen, auf verschiedene Art und Weise und zu verschiedenen Zwecken.

7. Moses Prophetie war die höchste Form der Prophetie. Er wurde von keinem anderen Propheten übertroffen und keiner kam ihm gleich.

8. Die gesamte Torah, welche von Moses dem Volk Israel gegeben wurde, wurde Moses von Gott gegeben. Es ist die wahre Torah.

9. Diese Torah ist ewig. Sie wird niemals geändert und niemals durch ein anderes Gesetz ersetzt werden.

10. Gottes Wissen ist absolut und allumfassend. Keine Existenz ist Ihm verborgen, denn Er sieht Vergangenheit, Gegenwart und Zukunft. Alle Ursachen und Folgen sieht Er voraus.

11. Gott kontrolliert und überwacht die Welt, belohnt den Menschen für seine guten Taten und bestraft ihn für seine schlechten Taten. Der Hauptlohn wird in der kommenden Welt ausgezahlt.

12. Am Ende aller Tage wird Gott unseren Messias senden, aus dem Hause David. Er wird ein vollkommener König in einer vollkommenen Welt sein, und die Welt wird durch ihn errettet werden.

13. Gott wird die Toten auferwecken. Das bedeutet absolute Güte und Gerechtigkeit, welche alle Tränen wischt. Alles, was vernichtet und zerstört wurde, wird Er wieder aufbauen; diese Auferstehung wird an die Stelle des Todes treten.

DER SINN DER WELT

1. Der gute und wohltätige Schöpfer schuf die Welt und die lebenden Geschöpfe mit dem Ziel, Gutes zu tun, um sie an Seiner wahren Güte teilhaben zu lassen.

2. Diese wahre Güte ist die Seligkeit, die Seine lebenden Geschöpfe erlangen, wenn sie

Ihm anhaften, so fest sie können. Nur durch solche Hingabe können sie an Seiner Güte teilhaben.

3. Damit man die Nähe zum Schöpfer aus eigenem Verdienst erlangen kann, denn nur so ist die Güte vollständig, bedarf es eines Wesens, das für seine Taten verantwortlich ist und somit auch eventueller Strafe unterliegt. Daher wurden in unserer Welt, in der Gut und Böse existieren, lebende Geschöpfe mit freiem Willen geschaffen, damit sie aus ihrem Ringen zwischen Gut und Böse heraus nach und nach Nähe zum Schöpfer erreichen und schließlich die »wahre Güte« als ihren Lohn erhalten.

4. Diese lebenden Geschöpfe mit freiem Willen sind die Menschen. Die Welt wurde um ihretwillen geschaffen. Der Mensch wurde aus gegensätzlichen körperlichen und seelischen Merkmalen zusammengesetzt, einem guten Trieb und einem bösen Trieb. Die Fähigkeit, zwischen diesen beiden zu wählen, Böses zu überwinden und Gutes zu tun, ermöglicht dem Menschen eine Verbundenheit mit dem Schöpfer, der wahren Quelle des Guten, und dadurch die Erfüllung seines Auftrages in der Welt.

5. Wenn nach einem lebenslangen persönlichen Ringen das Gute in einem Menschen Oberhand gewinnt, erlangt er die wahre Seligkeit in zweierlei Hinsicht: Die Freude und Belohnung in der Welt der Seelen, die der »Garten Eden« genannt wird. Diese findet nach dem Tode eines Menschen statt. Die Freude und Belohnung in der Kommenden Welt, die sich unserer Welt, welche auf 6000 Jahre begrenzt ist, anschließen wird. Beide Momente heißen »Die Kommende Welt«.

6. Zusammenfassend kann man also ganz allgemein feststellen, daß sich die Welt des Menschen in zwei Bereiche aufteilen läßt: Eine Zeit der Arbeit und des Ringens – diese Welt, und eine Zeit der Belohnung und des Glücks (oder der Bestrafung) – die Kommende Welt.

7. Doch auch in dieser Welt kann ein Mensch ein gewisses Maß an göttlichem Glück erlangen, indem er sich spirituell erhebt und durch Mittel, wie prophetische Schau und Torahstudium, sowie durch die Erhöhung, welche der Schabbat, die Feiertage und andere Gelegenheiten mit sich bringen, dem Schöpfer teilhaftig wird.

GÖTTLICHE VORSEHUNG

1. Der freie Wille des Menschen und das daraus resultierende Ringen bei der Wahl zwischen Gut und Böse, ermöglichen zusammen des Menschen zukünftiges Glück.

2. Gut und Böse gibt es nicht nur im Bezug auf den Menschen. Es existiert durch die Schöpfung hindurch, in allen ihren Dimensionen und Bereichen, auf allen Stufen des Geistes und der Seele und in allen Welten.

3. Das bestehende Verhältnis von Gut und Böse ist nicht zu jeder Zeit und für alle Menschen gleich. Es gibt Menschen, die von Natur aus mehr dem Guten zuneigen und andere, die mehr dem Bösen zuneigen. Ein Mensch wird unter Berücksichtigung seiner natürlichen Anlagen daran gemessen, wie er von seinem freien Willen Gebrauch macht.

4. Gott überwacht seine Geschöpfe, um Gutes zu belohnen, Böses zu bestrafen und die Wesen anzuleiten, Seine gesegnete Güte zu erlangen.

5. Lohn und Strafe werden nicht aufgrund einzelner Taten einer Person gemessen oder festgesetzt; es gibt vielmehr viele verschiedene Aspekte der Bewertung.

6. Die Taten eines Menschen werden unter Berücksichtigung seiner vergangenen, gegenwärtigen und zukünftigen Beziehungen zu seinen Mitmenschen – Eltern, Kindern, Verwandten, Freunden, Nachbarn und Mitbürgern – abgewogen.

7. Wie gesagt, verwirklichen sich Lohn und Strafe hauptsächlich in der Kommenden Welt. Es gibt sie nichtsdestoweniger entsprechend dem bereits Gesagten aus verschiedenen Gründen auch schon in dieser Welt.

8. Gottes wohltätige Herrschaft über die Welt erfordert gelegentlich eine Begrenzung des freien Willens des Menschen oder sogar dessen vollständige Aufhebung.

9. Um die Welt zu leiten und um auf das Zusammenspiel von Gut und Böse in ihr Einfluß zu nehmen, schuf Gott höhere Mächte, die auf die Welt einwirken, wie Engel, Himmelskörper und Sternenkonstellationen.

10. Gott stattete den Menschen mit den seinem freien Willen unterstellten Fähigkeiten aus, nicht nur auf die materielle Welt, sondern auch auf spirituelle Welten über ihm Einfluß zu nehmen, sei es im Guten, sei es, Gott bewahr, im Bösen.

NATUR UND WUNDER

1. Die beiden Hauptweisen, nach denen Gott die Welt leitet, sind Naturgesetz und Wunder.

2. Die Leitung durch die Natur umfaßt die Kräfte, welche in der Welt entsprechend geordneten, festgelegten Gesetzen, wirken. Sie umfaßt auch den Einfluß höherer Kräfte.

3. Die Leitung durch Wunder kann in zwei Gruppen eingeteilt werden: offene Wunder und verborgene Wunder. Offene Wunder wirken und ereignen sich im Widerspruch zum Naturgesetz, obwohl auch sie im allgemeinen irgendeinen Ausgangspunkt in der Natur haben. Verborgene Wunder wirken in Übereinstimmung mit dem Naturgesetz aber nicht mit den Gesetzen der höheren Systeme und Kräfte, wie Engel, Himmelskörper und Sternenkonstellationen.

4. Die Hauptfunktion offener Wunder ist, den Glauben an Gott und seine Gesandten, die Propheten, zu stärken. Die Hauptfunktion verborgener Wunder ist, Gottes Eingreifen in den Ablauf der Geschichte zu ermöglichen, sei es um einzelner Personen willen, sei es um des jüdischen Volkes, seiner Torah oder des Landes willen.

ISRAEL UNTER DEN VÖLKERN

1. Adam (hebräisch, der Mensch) wurde in absoluter Vollkommenheit geschaffen, das Werk der Hände des vollkommenen Schöpfers. Wenn er es verdient hätte, wäre er sündenlos in den siebten Tag der Schöpfung eingetreten und hätte dadurch im Garten Eden denselben Grad an Seligkeit erlangt, der erst in der Kommenden Welt besteht. Wäre dem so gewesen, so wäre der Schabbat seinethalben in die Kommende Welt verwandelt worden.

2. Nachdem Adam gesündigt hatte, wurde er aus dem Garten Eden vertrieben. Wegen seines Vergehens (daß er vom Baum der Erkenntnis des Guten und des Bösen gegessen hatte) wurden Gut und Böse in der

Welt vermischt und auch in Adam selbst. Das Ergebnis war eine Spaltung, so daß innerhalb der Menschheit sowohl der Aspekt Adams als des Gottesebenbildes als auch der des Bösen in Adam existiert. Die Menschheit wurde in Israel und die anderen Völker geteilt.

3. Der Schöpfer wählte unseren Stammvater Abraham und seinen Samen als den Grundstein Seiner Auserwählung Israels. Sie wurden dazu bestimmt, das Gottesebenbild in der Menschheit weiterzutragen, zu Lehrern der Wege Gottes für den Rest der Völker zu werden, ein Königreich von Priestern und ein heiliges Volk, beauftragt, den Völkern ein Licht zu sein.

4. Als Israel auserwählt wurde, wurde es mit bestimmten Tugenden ausgestattet, durch welche es fähig sein sollte, seine Sendung zu erfüllen. Diese besonderen Tugenden sind: der unbeirrbare Glaube an den Schöpfer, die Fähigkeit zur prophetischen Schau, die Fähigkeit, Gottes Torah im Alltag umzusetzen, die Fähigkeit, sich spirituell und allgemein durch die Vorschriften der Torah zu erheben, sowie besondere Charaktermerkmale (Barmherzigkeit, Bescheidenheit und tätige Liebe).

5. Israel kann hoffen, seine Bestimmung durch Einhaltung der Torah und der Gebote, die ihm Gott in der großen Offenbarung am Sinai gegeben hat, zu erfüllen.

6. Der übrigen Menschheit ist, entsprechend ihrem Wesen, in der Torah geboten, die sieben Gebote der Nachkommen Noahs zu befolgen. Dies sind die Verbote von
   6.1. Götzendienst
   6.2. Inzest
   6.3. Mord
   6.4. Genuß des Fleisches eines Tieres, wenn es diesem bei lebendigem Leibe (d.h. ohne vorherige Schlachtung) herausgerissen wurde
   6.5. Gotteslästerung
   6.6. Diebstahl
   sowie das Gebot,
   6.7. eine allgemeine Rechtsprechung einzurichten. Alle Nachkommen Noahs, d.h. alle Nicht-Juden, welche diese Gebote einhalten, haben Anteil an der Kommenden Welt.

7. Amalek aus dem Samen Esaus wurde mit den denkbar schlechtesten Eigenschaften ausgestattet und ist auf Beeinträchtigung der Heiligkeit und Güte in der Welt in allen ihren Bereichen ausgerichtet. Seine Schaffung ist ein

Teil von Gottes Plan, im Gegensatz zum vollständig Guten ein vollständig Böses zu schaffen. Es ist daher ein göttlicher Befehl an das Volk Israel, ihn zu vernichten.

8. Auch andere Völker wurden dazu ausersehen, verschiedene bösartige Rollen zu übernehmen und stellten somit für das Volk Israel eine schwere Prüfung dar. Beispiele sind Kanaan, Ägypten, Babylonien, Persien, Griechenland, Edom, Ishmael, Moab und Ammon.

9. Im allgemeinen besitzen die meisten Völker der Welt ein gewisses Maß an Haß gegenüber dem Volk Israel. Das dient dazu, sie zu prüfen, ob sie aus dem Einfluß Israels und der Torah Nutzen ziehen wollen oder stattdessen, zu ihrem schließlichen eigenen Verderben, weiterhassen wollen. Die Zeit wird kommen, da die Menschheit wirklich erkennen wird, daß das Volk Israel »der Samen ist, den Gott gesegnet hat«.

10. Trotz des Unterschiedes zwischen Israel und den Völkern können auch Nicht-Juden konvertieren und ein Teil Israels werden, sofern ihre Konversion echt ist und ohne Nebenabsichten geschieht.

PROPHETIE UND HEILIGER GEIST

1. Um die Menschheit auf den Wegen von Gottes Torah zu führen und damit die Torah vom Volk Israel eingehalten werde, wurden der Welt verschiedene Grade von Prophetie gegeben.

2. Der höchste Grad der Prophetie ist die Offenbarung der Torah und ihrer Vorschriften. Damit ist die prophetische Schau Moses gemeint, dem am Sinai die Torah vor dem ganzen Volk gegeben wurde und der bis zu seinem Tod weiterhin für Gottes Offenbarung empfänglich blieb. Moses war der größte aller Propheten.

3. Der hohe Grad der prophetischen Schau, der Moses zuteil wurde, war notwendig, um Veränderungen an der Torah vorzubeugen. Nach Moses kann kein anderer Prophet beanspruchen, eine göttliche Offenbarung einer neuen Torah, neuer Vorschriften oder gar nur neuer Auslegungen der Torah allein auf dem Weg der Prophetie erlangt zu haben. Auf diese Weise ist die Ewigkeit der Torah gewährleistet.

4. Jeder Prophet, der etwas prophezeit, was Moses Torah widerspricht, verdient die To-

desstrafe. Trotzdem ist es einem Propheten aber möglich und erlaubt, eine *zeitweilige* Änderung eines bestimmten Gesetzes zu verkünden – ausgenommen Götzendienst. Das war der Fall des Propheten Elias, der auf dem Berge Carmel einen Altar aufgestellt hat, obwohl nach der Schrift ein Verbot besteht, Opfer außerhalb des Tempelbezirks in Jerusalem darzubringen.

5. Propheten müssen sich auf alle erdenkliche Art und Weise darauf vorbereiten, prophetischer Visionen teilhaftig zu werden. Doch auch dann können selbst geeignete Propheten, die sich entsprechend vorbereitet haben, nur durch Gottes Willen prophetische Schau erlangen.

6. Im allgemeinen bestand die Aufgabe der Propheten darin, Israel und die Völker auf einem göttlichen gewiesenen Pfad zu führen, wie er sich in den jeweils besonderen Zeitumständen anbot. Die meisten Propheten hatten auch zukunftsbezogene Visionen, um Israel auf das Kommende vorzubereiten.

7. Es gibt einen niedrigeren Grad der Prophetie, der als »heiliger Geist« bezeichnet

wird. Sowohl die Weisen Israels als auch die Großen der Menschheit haben an ihm Anteil gehabt. Er enthält die göttliche Eingebung von Offenbarungen verschiedener Art. Die »Ketuvim« (hebräisch, nachprophetische Schriften) wurden auf diese Art und Weise geoffenbart.

8. Es gibt eine noch niedrigere Ebene des heiligen Geistes, welche in Übereinstimmung mit dem menschlichen Intellekt arbeitet. Dadurch wurde den Gelehrten der Mischnah, des Talmud und der anderen Werke ermöglicht, die Torah besser zu verstehen und verborgene Erklärungen und Neuerungen in ihr zu entdecken.

TORAH UND GEBOTE

1. Die Torah, die Israel durch Moses gegeben wurde, ist die Wurzel all unserer Weisheit, unseres Glaubens, Verhaltens und Gesetzes, des richtigen Benehmens, der Moral und aller Offenbarungen der Welt. Sie kann sowohl in ihrer einfachen Bedeutung als auch in ihrem mystischen Gehalt studiert werden.

2. Das hebräische Wort »Torah« bedeutet »Unterweisung, wie man leben soll«. Daher ist es wichtig, Torah zu kennen und zu studieren. Jeder Jude ist verpflichtet, regelmäßig Torah zu lernen. Das Torahstudium hat einen besonderen Einfluß sowohl auf den Studierenden als auch auf die ganze Welt.

3. In den Büchern der »Nevi'im« (der biblischen Propheten) und der »Ketuvim« finden wir auf dem Wege der Prophetie bzw. des heiligen Geistes die Vollendung von Gottes Unterweisung an uns: durch Beschreibung von historischen Ereignissen, durch Worte der Weisheit, Tadel und moralische Lehren. Wie bereits festgestellt, enthalten sie auch genügend prophetische Visionen, um das Volk in jedem Zeitalter zu führen.

4. Moses' Torah, die Nevi'im und die Ketuvim machen zusammen die schriftliche Torah aus. Jedes einzelne Wort darin erfordert genaue Interpretation und große Aufmerksamkeit. Wir müssen sie als Gottes Worte verstehen, unabhängig davon, ob sie unter Einfluß der Prophetie oder des heiligen Geistes gesprochen worden sind.

5. Die mündliche Interpretation der schriftlichen Torah wurde Moses zusammen mit der schriftlichen Torah übergeben. Mit Hilfe der Auslegung, sowie durch Grundsätze, Regeln und Methoden des Studiums fuhren die Gelehrten aller Zeitalter fort, in die Torah einzudringen und sie zu interpretieren. Alle ihre Worte heißen »mündliche Torah«.

6. Die Literatur der mündlichen Torah umfaßt das Schrifttum der Midraschim, auslegende homiletische (griechisch, erbauliche Bibelauslegung) und gesetzliche Werke, die Mischnah, die Traktate des Talmud, die Schriften der »Geonim« (hebräisch, die Großen, Gelehrte des 6.-11. Jahrhunderts), der »Rischonim« (11.-16. Jahrhundert) und der »Acharonim« (16.-20. Jahrhundert). Diese Literatur behandelt alle Belange des Judentums: Gesetz und Legende, das Weltliche und das Metaphysische, Glaube und Praxis, Benehmen und Moral, sowie das Gleichgewicht zwischen Torahstudium und der Teilnahme an weltlichen Dingen.

7. Es gibt 613 Gebote in der Torah. Davon sind 248 positive Gebote und 365 negative Gebote (=Verbote). Ihre Aufgabe ist, den Menschen vom Bösen fernzuhalten und ihn

auf den rechten Weg zu führen. Das gilt sowohl für die Einzelperson als auch für das Volk als Ganzes.

8. Ein Großteil der Gebote kann nicht von jedem Juden erfüllt werden, denn viele Gebote beziehen sich auf den Tempel und die Priester, die dort dienen. Außerdem gibt es Gebote, wie z.B. hinsichtlich der Scheidung, die nur dann verpflichtend sind, wenn eine Situation eintritt, wo sie anwendbar sind.

9. Das Einhalten dieser Gebote hat einen positiven Einfluß auf diejenigen, welche sie ausüben und auf die Welt im ganzen.

10. Im allgemeinen erklärt die Torah nicht die Gründe der Gebote, und selbst das, was ein Grund eines Gebotes zu sein scheint, ist nicht der ganze Grund. Es gibt Gebote, wie die Verbote von Mord oder Raub, deren Gründe unmittelbar verständlich sind und solche, deren Gründe jenseits des menschlichen Verstandes liegen, die letzteren heißen »Chukim«. Letztendlich widerspricht aber keine dieser beiden Gruppen der menschlichen Logik.

11. Die Torah hat uns offenbart, daß die Gebote zu unserem eigenen Wohl geschaffen wurden und daß durch sie ein Mensch hoffen darf, Vollkommenheit zu erzielen und seine Lebensaufgabe zu erfüllen. In der Tat sind die Gebote genau das, was der einzelne Jude und die jüdische Gemeinschaft in dieser Hinsicht brauchen.

12. Das Torah-Ideal eines moralischen Lebens strebt danach, einen göttlichen Standard des Guten zu erreichen. Die Moral der Torah lernt man durch Studium und Befolgen der Gebote, welche ihrerseits in Einklang mit der moralischen Natur des Menschen und seiner Welt stehen.

GOTTESDIENST: GEBET UND TEMPELOPFER

1. Damit der Mensch eine größere Nähe zu Gott erlangen kann und ein Mittel hat, Ihm anzuhaften, schuf Gott die wunderbare Institution des Gebetes.

2. Das Gebet ist dazu da, den Menschen und die Welt auf alle erdenkliche Weise zu vervollkommnen. Es entfernt schwere Steine

von seinem Herzen und befreit ihn von Depressionen. Es erhebt ihn, und mit ihm wird die ganze Schöpfung erhoben.

3. Das Hauptziel des Gebetes ist, Gottesnähe zu ermöglichen. Sein unmittelbares Anliegen ist aber die Bitte an Gott, Er möge Seinen Willen – d.h. das letztgültige Gute für den Einzelnen und die Gesellschaft – ausführen.

4. Jeder Gottesdienst des Tages hat seinen besonderen positiven Einfluß und erfüllt seine jeweils andere Funktion. Die Art, wie beides erreicht wird, hängt von den äußeren Umständen und der inneren Einstellung des Menschen während seines Gebetes ab.

5. Durch sein Gebet wird der Mensch mit der größeren Gemeinschaft verbunden, und schon diese Verbindung an sich hat einen positiven Einfluß auf den Einzelnen. Daher auch die Wichtigkeit des Gemeinschaftsgebetes, denn in der Erlösung der Gemeinschaft wird der Einzelne erlöst.

6. Der Wortlaut der im Plural formulierten Gebete sowie ihr Inhalt beziehen sich auf alle Bedürfnisse der Gesellschaft. Er wurde

genauestens und bewußt von den Männern der Großen Versammlung formuliert, welche die Gebete unter Einwirkung des heiligen Geistes schufen.

7. Die Synagoge, als der für das Gebet bestimmte Ort, wird durch die Gemeinschaft, welche zum Gottesdienst in ihr zusammenkommt, geheiligt. Es ist daher besonders wichtig, in einer Synagoge zu beten.

8. Der heilige Tempel hatte in der Vergangenheit zwei Funktionen: Vervollkommnung der Welt und des Einzelnen durch Darbringen von Opfern und er diente als ein Ort für die Einkehr der göttlichen Gegenwart. Daher war der heilige Tempel die Quelle der göttlichen Einwohnung und des göttlichen Segens. Der wichtigste Gottesdienst in dieser Welt fand dort statt.

DAS LAND ISRAEL

1. Wie Israel aus den Völkern erwählt wurde, wurde auch das Land Israel aus allen anderen Ländern erwählt und dadurch mit ewiger Heiligkeit ausgestattet. Auch innerhalb des Landes Israel gibt es verschiedene Gra-

de der Heiligkeit. Es gibt ihrer im wesentlichen drei: das ganze Land, Jerusalem und den Tempelberg.

2. Es gibt eine enge Beziehung zwischen dem Land Israel und dem Volk Israel, seinen Merkmalen und Vorzügen. Nur unter dem Eindruck des göttlichen Lichtes, das das Land durchdringt und dank der Heiligkeit des Landes, kann das Volk Israel darauf hoffen, Gottes volle Gegenwart in der Welt aufzudecken.

3. Die Torah und die Gebote können in ihrem ganzen Umfang nur im Lande Israel erfüllt werden. Torahstudium im Ausland ist nicht dasselbe wie Torahstudium im Lande Israel. Das liegt daran, daß die geheiligte Atmosphäre des Landes Israel die Torahstudierenden weiser macht und Einfluß sowohl auf die Art des Studiums als auch auf die persönlichen intellektuellen Fähigkeiten zum Verständnis der Torah hat.

4. Alle Gebote, auch die, die nur mit dem Körper des sie Ausübenden zu tun haben, wie z.B. Tefillin (an Kopf und Arm zu befestigende Schriftkapseln) oder Zizit (Fransen an einem viereckigen Kleidungsstück), können

am vollkommensten im Land Israel ausgeführt werden, denn in der Diaspora besteht der Hauptzweck der Gebotserfüllung darin, daß die Gebote beim Volk Israel während seines Exils nicht in Vergessenheit geraten.

5. Die mündliche Torah, welche durch Israel und seine Weisen weitergegeben wird, kann in ihrer Gesamtheit nicht unter anderen als vollkommenen nationalen Bedingungen geoffenbart werden. In früheren Zeiten, als die Weisen der mündlichen Torah im Tempel zu Rate saßen, ereignete sich Offenbarung der Torah unter dem Einfluß der Heiligkeit des Ortes. Dort wurden die Termine der Neumonde und Feiertage festgelegt und in den Kalender eingetragen. Von dort gingen Bestimmungen und Normen aus, von dort breitete sich die authorisierte Interpretation der mündlichen Torah aus. Denn dort ruhte die göttliche Gegenwart auf den Weisen Israels.

6. Prophetie geschieht im Lande Israel. Nur im Lande Israel oder wegen des Landes Israel kann es Prophetie geben.

7. Die vollständige geistige Bestimmung Israels als eines »Königreichs von Priestern

und eines heiligen Volkes« und als eines »Lichtes für die Völker« kann nur durch ein beispielgebendes Leben einer vollständigen im eigenen Land wohnenden Nation verwirklicht werden; eine einzigartige Monarchie mit Tempel, Priestern, Richtern und Polizisten. Sie müssen ein besonderes Leben führen, das auf der Torah beruht und Vorschriften wie das Brachjahr, Jubeljahr usw. beachten.

8. Daraus folgt, daß Israels Leben im Exil sowohl mit seiner ursprünglichen Natur und seiner eigentlichen Aufgabe als auch mit seiner Fähigkeit, Vollkommenheit durch Torah und Gebote zu erlangen, in Widerspruch steht. Daher kann das Exil als eine schwere Strafe für das Volk Israel angesehen werden.

ISRAELS ERLÖSUNG

1. Das jüdische Volk verbrachte den Großteil seiner Geschichte im Exil. Die Funktion des Exils ist zweifach: erstens soll es jeden erdenklichen Makel im Volk, den zu beseitigen es im Rahmen eines normalen Lebens im Lande Israel unfähig war, entfernen und

zweitens: die Funktion der Strafe. Tatsächlich gibt es noch eine Zusatzaufgabe des Exils, nämlich, das Wohl der Menschheit.

2. Israels Exil unter den Völkern hat die anderen Völker sowohl direkt als auch indirekt beeinflußt. Einem Teil dieses Einflusses ist es zu verdanken, daß sich Israels und seiner Torah Geist, Gebote und moralische Werte unter den Völkern verbreitet und dadurch die Besten der Menschheit zu Israels Geist hingezogen wurden.

3. Jedes Exil hatte seine besondere Aufgabe. Das Exil in Ägypten in der Morgendämmerung der Geschichte hatte die Aufgabe, Israel darauf vorzubereiten, die Torah zu empfangen und in das Land einzuziehen, um sie damit für ihre göttliche Aufgabe in der Geschichte bereitzumachen.

4. Die Exile von Babylon, Persien, Griechenland und Rom bis zum heutigen Tage haben das Vermögen unseres Volkes Israel gestärkt, dem mächtigen Einfluß dieser anderen Völker standzuhalten, und das in jeder Beziehung, körperlich und seelisch, was seine Eigenschaften und was seinen einzig-

artigen Geist anbelangt. Dies wurde durch die Konfrontation mit fremden Einflüssen erreicht.

5. Das jüdische Volk betete durch den ganzen Verlauf seiner Geschichte hindurch um Erlösung. Der Glaube an eine endgültige Erlösung war immer einer der Grundzüge des Glaubens, und bei jeder Gelegenheit, ob freudig oder traurig, erinnerte man sich Jerusalems. Man wußte durch Prophetie und aus der rabbinischen Tradition, daß dem Exil von Edom der Aufstieg des Königreiches Israel, des letzten, des messianischen Königreiches, folgen würde. Das ist die Erlösung vom »Ende der Tage«, die Hoffnung Israels und die Hoffnung der ganzen Menschheit.

6. Als Israel aus Ägypten erlöst wurde, war sein spiritueller Zustand sehr niedrig, und es wurde einzig und allein um seines Schöpfers willen, des Gottes Israels, erlöst. Denn Sein Name unter den Völkern wäre entheiligt worden, hätte Er Sein eigenes Volk nicht erlöst. So war es auch bei der Erlösung des zweiten Tempels; diejenigen, die ins Land zurückgekommen waren, mißachteten den Schabbat und waren mit nicht-

israelitischen Frauen verheiratet. Doch sie wurden erlöst, und aus ihnen entfaltete sich die mündliche Torah in all ihrer Macht. Israels Erlösung in unseren Tagen beginnt zu einer Zeit, in der der religiös-spirituelle Zustand des Volkes sehr armselig ist, wie es in Hesekiel, Kapitel 36, beschrieben ist. Nichtsdestoweniger wird sich dieser Zustand beständig bessern, sowohl materiell als auch spirituell, bis zur endgültigen Erlösung, wenn der Messias, der Sohn Davids, erscheinen wird.

7. Das grundlegende Element der Erlösung ist Austritt aus der Diaspora und Leben in Israel, das keiner fremden Macht unterworfen ist. Die Erlösung wird nicht vollkommen sein, bis ganz Israel in seinem Land leben wird, sowohl als Einzelne als auch als Gesellschaft ein Leben der spirituellen und materiellen Erfüllung genießend, geführt von der Torah in allen Lebensbereichen.

8. Es wurde bereits erwähnt, daß die endgültige Erlösung mit dem Erscheinen des Messias, des Sohnes Davids, eingeleitet werden wird. Seine erhabene Person und prophetischen Kräfte werden ihn in den Stand versetzen, die ganze Welt in Recht und Ge-

rechtigkeit zu leiten. Die Welt wird von seinen Lippen Torah lernen und das Königreich Gottes wird sich über die ganze Welt erstrecken.

9. In der letzten Phase der messianischen Ära kann die Menschheit die Auferweckung der Toten erwarten. Durch sie werden die Gerechten der Welt zum ewigen Leben auferstehen.

GESETZE UND BRÄUCHE

GLAUBENSGEBOTE

1. Ein Jude darf nicht an eine Urwelt glauben, in der der Schöpfer nicht existierte.

2. Ein Jude darf nicht an mehr als eine Macht glauben, er darf nicht zu anderen Mächten beten oder sie verehren; denn das ist Götzendienst.

3. Ein Jude darf an keine Macht außerhalb Gottes glauben, über welche Gott keine Gewalt hätte. Es ist verboten, eine andere Macht als Gott zu verehren und zu ihr zu beten.

4. Ein Jude darf Gott in keiner körperlichen Form darstellen. Er darf keine Statue, Bild oder Gußbild in der Absicht herstellen, sie anzubeten.

5. Ein Jude darf nicht auf den Wegen der Götzendiener wandeln; Er darf keine Bräuche annehmen, die in ihrem Glauben wurzeln.

6. Ein Jude darf nicht an falsche Propheten glauben, die im Widerspruch zur Torah und ihren Geboten prophezeien, die auf Dauer irgendein Gebot verändern oder die pro-

phezeien, ohne durch Gott dazu angewiesen worden zu sein.

7. Ein Jude darf nicht glauben, daß die Torah durch prophetische Gabe interpretiert werden kann. Alle Methoden der Interpretation wurden Moses gegeben und von den Weisen Israels von Generation zu Generation weitergereicht. Nur nach diesen Regeln und Methoden kann die Torah gelernt werden.

8. Ein Jude darf nicht an ein anderes Gesetz glauben als die Torah Israels, welche, schriftlich und mündlich, durch Moses gegeben wurde und in Übereinstimmung mit anerkannten Regeln und Traditionen ausgelegt wird.

9. Ein Jude darf nicht glauben, daß zu irgendeiner Zeit, ob in der Vergangenheit, Gegenwart oder Zukunft, Gottes Vorsehung über das Universum ausgesetzt hat.

10. Ein Jude darf nicht an einen anderen als den traditionell von Israel anerkannten Messias glauben.

11. Ein Jude darf nicht glauben, daß sein Leben in dieser Welt und die Existenz seiner Seele nach dem Tod keinen Sinn haben, daß es keine Auferstehung der Toten gibt oder daß es die Kommende Welt nicht gibt.

TORAH UND GEBOTE

1. Die Grundlage des Lebens eines Juden ist die Erfüllung der Torah und ihrer Gebote. Jüdisches Leben ist ohne Torah und Gebote undurchführbar.

2. Die Torah enthält das, was am Berge Sinai Moses überreicht wurde und alles, was den nachfolgenden biblischen Propheten übermittelt wurde – das schriftliche Gesetz. Sie enthält auch alles, was den jüdischen Weisen im Laufe der Generationen gegeben wurde – das mündliche Gesetz.

3. Viele Bücher wurden im Laufe der Generationen geschrieben, und kein einzelner Mensch kann sich ihren Inhalt merken. Aber jeder kann durch das Studium der schriftlichen und mündlichen Torah ein

Verständnis der Grundlagen der Torah und der Gebote erlangen.

4. Jeder Mann muß sich täglich eine Zeit für das Torahstudium reservieren.

5. Die schriftliche Torah (d.h. die 5 Bücher Mose), entsprechend den Anforderungen der Halacha auf einer Torah-Rolle aus Pergament niedergeschrieben und für die öffentliche Torah-Lesung rituell geeignet, muß entsprechend ihrem hohen Grad an Heiligkeit behandelt werden. Man soll ihr zu Ehren aufstehen, sie küssen, ihr einen besonderen Mantel anfertigen und sie in einem besonderen Schrank, der heiligen Lade, verwahren.

6. Selbst wenn eine Torah-Rolle untauglich geworden ist, darf sie nicht nachlässig behandelt werden.
Wenn sie nicht ausgebessert werden kann, wird sie in einem Tonbehälter in der Erde begraben.

7. Das Schreiben einer Torah-Rolle erfordert besondere Geräte und besondere Tinte, sowie qualifizierte Schreiber, welche über die Kenntnis der Gesetze und des besonderen

Gemütszustandes, welcher zum Schreiben erforderlich ist, verfügen.

8. Die Torah-Rolle wird jeden Montag und Donnerstag, sowie an Schabbaten, Festen, Tagen der Trauer und der Freude in der Synagoge gelesen. Sie wird nur dann gelesen, wenn zehn Männer an der Lesung teilnehmen.

9. Unsere Weisen haben den Brauch eingeführt, daß das Lesen der fünf Bücher Mose alljährlich am letzten Tag des Laubhüttenfestes (Simchat Torah) abgeschlossen wird. Das wird durch das Lesen von Wochenabschnitten erreicht, welche in den gedruckten Bibeln angezeigt sind. Zusätzlich werden an Schabbaten und Feiertagen nach der Torah-Lesung Abschnitte aus den Propheten gelesen.

10. »Äußere Bücher« (Apokryphen), das sind Schriften, welche von Christen im Widerspruch zur jüdischen Tradition zu heiligen Schriften erklärt worden sind, dürfen, obgleich sie literarischen und historischen Wert besitzen, nicht geheiligt oder auf dieselbe Art und Weise wie die Torah-Rolle gelesen werden.

11. Die Schriften, welche Jesus, seinen Aposteln und seinen Missionaren zugeschrieben werden, sind unannehmbar. Sie dürfen nicht gelesen werden, es sei denn zum Zwecke der Kritik.

12. Das Studium von Büchern, in denen die Heiligkeit der Torah oder die Grundprinzipien von Israels Glauben in Frage gestellt werden, ist verboten, es sei denn zum Zwecke der Kritik.

13. Das schriftliche Gesetz enthält 613 Gebote. Zu diesen kommen sieben zusätzliche Gebote, unter ihnen das Anzünden der Chanukkahlichter und das Lesen der Purim-Rolle. Dazu kommen noch zahlreiche Verordnungen und Einschränkungen, welche der traditionellen Literatur entstammen.

14. Viele der schriftlichen Gebote können nicht immer erfüllt werden, weil sie sich auf bestimmte Personen wie Priester oder Leviten beziehen, oder weil sie das Bestehen eines Tempels in Jerusalem oder andere besondere Bedingungen voraussetzen. Es gibt heute etwa 140 Gebote, die jedermann erfüllen kann.

15. Es gibt Gebote von besonderer Wichtigkeit, wie Torahstudium, Schabbat, aufrichtige Spendenfreudigkeit, Wohnen im Lande Israel u.a. Es gibt auch ungewöhnlich strenge Verbote, die man selbst bei Todesgefahr nicht übertreten darf, wie Götzendienst, verbotener Geschlechtsverkehr und Mord.

16. Bestimmte Gebote sind der ganzen Menschheit (den »Söhnen Noahs«) auferlegt, und diese müssen sie erfüllen. Es gibt sieben solche Gebote:
    - 16.1 Schaffung von Recht und Gesetz (Rechtsprechung)
    - 16.2 Verbot der Gotteslästerung
    - 16.3 Verbot des Götzendienstes
    - 16.4 Verbot des Mordes
    - 16.5 Verbot des Inzests
    - 16.6 Verbot des Raubes
    - 16.7 Verbot des Genusses von Fleisch, das aus einem noch lebenden Körper herausgerissen wurde, d.h. ohne vorherige Schlachtung. Manche Weisen zählen im Bezug auf die Gebote der »Söhne Noahs« mehr als diese sieben Gebote auf.

17. Ein »Sohn Noahs«, der diese sieben Gebote erfüllt, weil Sie ihm auferlegt sind, wird

unter die gerechten Nicht-Juden gezählt. Er hat Anteil an der Kommenden Welt und wird hoch geehrt.

18. Frauen sind gewöhnlich von denjenigen positiven Geboten befreit, welche zu bestimmten Zeiten auszuführen sind. Es gibt aber auch zeitgebundene Gebote, zu denen sie sehr wohl verpflichtet sind.

19. Es ist verboten, durch ein anderes als das überlieferte Verfahren Gebote hinzuzufügen. Es ist ebenfalls verboten, von der Anzahl der Gebote abzuziehen.

20. Die Autorität der Auslegung von Gesetz und Geboten liegt in den Händen von Rabbinern, welche gottesfürchtige Gelehrte sind, die Torah nach der traditionellen Methode studieren und die zum Auslegen der Torah autorisiert sind.

21. Im Falle eines Zweifels in Angelegenheiten des Gesetzes muß man sich an einen autorisierten Rabbiner mit Bitte um Auslegung und Entscheidung wenden.

22. Ein Jude muß von frühem Kindesalter an in der Ausübung der Gebote unterwiesen

werden. Die Pflicht, Gebote zu erfüllen, tritt bei einem Jungen jedoch erst nach seinem 13. Lebensjahr (wenn er »Bar Mizwa« geworden ist), bei einem Mädchen nach seinem 12. Lebensjahr ein.

23. Ein Proselyt muß die Gebote erfüllen wie ein geborener Jude. Er muß sich zu diesem Zweck vorbereiten (s. Kapitel über PROSELYTEN).

DER DIENST DES HERRN

1. Man wird sich seiner Beziehung und Verbindung zum Schöpfer im Gebet bewußt. Dieses Ziel wird unter Aufbietung der gesamten eigenen emotionalen Fähigkeit erreicht. Eine Voraussetzung ist daher das Verständnis der Worte des Gebetes und all ihrer beabsichtigten Bedeutungen.

2. Ein Gebet ist nur bei Anwesenheit von mindestens zehn erwachsenen Männern (d.h. mindestens 13 Jahre alt) vollkommen. Frauen werden in das Quorum nicht einbezogen. Wenn nötig, kann man allein beten.

3. Es gibt drei feste Gottesdienste am Tag: morgens, nachmittags (zwischen einer hal-

ben Stunde nach Mittag und dem Sonnenuntergang) und abends (die ganze Nacht, aber am besten vor Mitternacht).

4. Die Gebete wurden mit großer Sorgfalt von den jüdischen Weisen formuliert. Sie enthalten alle nötigen Bestandteile, damit sie den richtigen Einfluß auf die Welt, das Volk Israel und den Einzelnen, der betet, ausüben. Sie umfassen alle Bedürfnisse, sowohl der Gemeinschaft als auch des Einzelnen.

5. Der Pfeiler eines jeden der drei Gottesdienste ist das »Amidah«-Gebet, welches 19 Segenssprüche enthält. Es wird leise im Stehen und in Richtung auf Jerusalem und den Sitz des Tempels gesprochen.

6. Im Rahmen des Morgen- und Abendgottesdienstes haben die Weisen das Gebot des Lesens des »Schema« eingerichtet. Es handelt sich um drei Abschnitte aus der Torah, durch deren uns gebotene morgendliche und abendliche Lesung wir zweimal täglich unsere Annahme des »Joches des Himmelreiches« und des »Joches der Gebote« bekräftigen. Diese Abschnitte sind »Schema« (Deuteronomium 6,4-9), »WeHaja Im Schamoa« (Deuteronomium 11,13-22) und

»WaJomer« (Numeri 15,37-41), benannt nach ihren Anfangsworten.

7. Dem Morgen-»Schema« gehen zwei Segenssprüche voraus: »Jozer Or« (Schöpfer des Lichtes) und »Ahavah« (Liebe); einer folgt ihm: »Geulah« (Erlösung). Abends sind die einleitenden Segenssprüche »HaMaariv« (Der die Abende herbeiführt) und »Ahavah« (Liebe), die beiden abschließenden heißen »Geulah« (Erlösung) und »Haschkivejnu« (Laß uns niederlegen). Die Segenssprüche sind nach ihren Anfangsworten bzw. ihrem Inhalt benannt.

8. Neben der »Amidah« und dem »Schema« enthält der Morgengottesdienst eine Anzahl von Lobeshymnen an Gott, welche »Verse des Gesanges« genannt werden und dem »Schema« und seinen Segenssprüchen vorangehen. Bittgebete und andere Gebete folgen der »Amidah«. Die letztgenannten enthalten auch eine in der Woche zweimal (montags und donnerstags) stattfindende Torah-Lesung.

9. Die Gebete erscheinen alle in ihrer richtigen Reihenfolge in den Gebetbüchern. Es ist wichtig, sie einzuüben, indem sie eine

Zeitlang langsam gelesen werden, um anschließend nach und nach in das Gemeinschaftsgebet, welches aus Gewohnheit fließend und schnell ist, eingegliedert zu werden. Im Falle eines Proselyten muß all das vor der Konversion geschehen.

10. Der Gottesdienst wird von einem »Abgesandten der Gemeinschaft« (Kantor) geleitet. Dieser steht vor der Gemeinde und liest die Gebete laut. Die »Amidah«, zunächst leise rezitiert, wird vom Kantor laut wiederholt, so daß jeder, der selbst nicht beten kann, seiner Verpflichtung durch die Antwort »Amen« nach jedem Segensspruch nachkommen kann. Die Wiederholung enthält auch die »Keduschah«, ein Gebet, durch welches die Gemeinschaft und der Kantor Gottes Namen heiligen, und den Priestersegen, in dem die Priester, entsprechend ihrer Verpflichtung aus der Torah, das Volk segnen.

11. An Schabbat und an Feiertagen gibt es Zusätze und Änderungen im Gottesdienst. Auch diese stehen im Gebetbuch. Zusätzlich gibt es noch zwei ganz andere Gottesdienste. Der eine ist der »Zusatzgottesdienst« an Schabbaten, Neumonden und

Feiertagen, der andere ist der »abschließende Gottesdienst« am Jom Kippur, dem Versöhnungstag.

12. Die Welt des Juden ist voller Segenssprüche des Dankes und des Lobes an den Schöpfer. Der Jude spricht einen Segensspruch über jeden Genuß, den ihm diese Welt bietet. Er dankt für jede Wohltat, und er sagt einen Segensspruch vor der Erfüllung bestimmter positiver Gebote.

13. Der Tisch des Juden ist geheiligt und symbolisiert den Tempelaltar. Jede Mahlzeit wird am Anfang durch einen Segensspruch, während des Essens durch Gespräche über die Torah und danach durch einen weiteren Segensspruch geheiligt. Am Schabbat und an Feiertagen bilden Lobeshymnen an Gott während des Essens ein weiteres Element.

14. Vor einem Mahl, das Brot enthält, wäscht man sich die Hände, indem man aus einem unbeschädigten Gefäß zweimal Wasser über jede Hand gießt, um die Hände für das Mahl zu heiligen. Über das Händewaschen wird ein Segensspruch gesagt: »Al Netilat Jadajim«. Vor dem Brechen des Brotes wird ein weiterer Segenspruch gesprochen:

»Der das Brot aus der Erde holt« – »HaMozi Lechem Min HaArez«. Nach dem Mahl wird der Segen nach dem Essen, welcher eine Anzahl von Segenssprüchen enthält, rezitiert (Der Text steht im Gebetbuch).

15. Es gibt bestimmte Segenssprüche vor und nach dem Verzehr von Früchten, Gemüse, Backwerk, Wein, sowie von Nahrungsmitteln, die nicht aus der Erde wachsen. Die Einzelheiten über diese Segenssprüche sollten in der halachischen Literatur studiert werden (die Segenssprüche sind in den meisten Gebetbüchern abgedruckt).

16. Für folgendes sind besondere Segenssprüche vorgeschrieben: Wohlriechende Kräuter, neue Kleidung, neues Haus, andere Neuanschaffungen, besondere Anlässe, gute oder schlechte Nachrichten, Wiedersehen von Freunden, Kindesgeburt, Wunder, Errettung aus Gefahr und vieles mehr. Die besonderen Bedingungen und die Gesetze, die sich auf diese Segenssprüche beziehen, müssen auch studiert werden (die Segenssprüche selbst sind in den Gebetbüchern abgedruckt).

17. Eine Anzahl von Segenssprüchen, die das allmorgendliche Aufstehen zum Inhalt haben,

heißt einfach »Segenssprüche am Morgen« – »Birkot HaSchachar« (auch im Gebetbuch).

18. Auch aus Anlaß der Beobachtung von außerordentlichen Naturphänomenen, wie Blitz, Donner, Regenbogen, Frühjahrsbäumen in Blüte, dem Ozean, bedeutenden Männern, Königen und bestimmten Orten sind Segenssprüche formuliert worden. Es gibt auch einen Segensspruch, der beim Anblick des sich allmonatlich erneuernden Mondes gesprochen wird.

19. Vor dem Ausführen zahlreicher Gebote sind Segenssprüche vorgeschrieben: Vor dem Anlegen der »Tefillin« (Gebetskapseln), vor dem Anbringen einer besonderen Pergamentrolle, der »Mesusah«, am Türpfosten, vor dem Anziehen eines Kleidungsstückes mit Schaufäden – »Zizit«, vor dem Essen von ungesäuertem Brot – »Mazah« – an Pesach, vor dem Essen in einer besonderen Hütte am Fest der Laubhütten – »Sukkah«. Die Vorschriften für diese Gebote sind besonders detailliert und erfordern daher sorgfältiges Studium.

20. Frauen können in einem Minjan (Gebetsquorum, s. Punkt 2) oder allein beten.

21. Wo auch immer gebetet wird, sei es Synagoge oder an anderer Stelle, wird der Ort durch eine Scheidewand getrennt, um Männern und Frauen getrenntes Beten zu ermöglichen.

DER SCHABBAT

1. Der Schabbat ist ein wöchentlich wiederkehrender Tag der Ruhe und Heiligkeit, der das Drängen und den Fluß des Lebens unterbrechen soll und materieller Kreativität einen Riegel vorschiebt. Auf diese Weise kann man sich selbst erheben und geheiligt werden, ruhen und Kräfte sammeln für die kommende Woche.

2. Der Schabbat beginnt mit dem Sonnenuntergang am Freitagabend und dauert bis zum Einbruch der Dunkelheit am folgenden Tag (tatsächlich beginnen nach dem jüdischen Kalender alle Tage am Abend). Es gibt aber ein Gebot, dem Schabbat an jedem Ende etwas Zeit hinzuzufügen – üblich sind etwa 20 Minuten vor Sonnenuntergang und 15 Minuten nach Einbruch der Dunkelheit.

3. Zur Vorbereitung des Schabbat bereitet man die Mahlzeiten für den Tag vor, räumt das Haus auf, wäscht sich und zieht sich festlich an.

4. Frauen zünden zu Ehren des Schabbat Kerzen an und sprechen einen Segen. Wo keine Frauen anwesend sind, zündet ein Mann die Kerzen an.

5. Das festliche Gebet zum Schabbateingang enthält (abgesehen vom Freitagnachmittag-Gebet) einen einführenden Gottesdienst, der aus einigen Psalmen und anderen Hymnen besteht, und den Abendgottesdienst.

6. Der Kiddusch – Heiligung – am Schabbat wird über einem Glas Wein oder Traubensaft rezitiert. Sein Sinn ist, den Tag zu segnen und die Heiligkeit des Schabbat bei seinem Beginn zu verkünden (der Text ist im Gebetbuch abgedruckt), nach dem Kiddusch wäscht man sich die Hände und ißt ein festliches Mahl, welchem der Tischsegen folgt.

7. Der Morgen fängt mit dem Morgengottesdienst an. Dieser schließt die Torah-Lesung und einen Zusatzgottesdienst mit ein

(s. Gebetbuch). Nachher wird der Morgen-Kiddusch rezitiert und das zweite festliche Mahl eingenommen. Während des Nachmittags-Gottesdienstes gibt es noch eine Torah-Lesung.

8. Es gilt das Gebot, daß im Laufe des Schabbat drei festliche Mahlzeiten eingenommen werden.

9. Am Schabbatende sagt man das Abendgebet (mit einigen besonderen Zusätzen) und spricht die Hawdalah – eine Zeremonie, die den Unterschied zwischen dem Schabbat und den Wochentagen hervorhebt – über einem Glas Wein.

10. Am Schabbat darf ein Jude keine Arbeit verrichten.

11. Die Einzelheiten hinsichtlich des Arbeitsverbots am Schabbat sind kompliziert und müssen sorgfältig studiert werden. Im Traktat Schabbat, Kap. 7 (in der Mischnah) werden 39 Kategorien von am Schabbat verbotener Arbeit aufgeführt.

12. Es folgen einige Beispiele verbotener Arbeit, um einen Einblick in das Wesen des jü-

dischen Schabbat zu ermöglichen: Schreiben, Kochen und Backen, Reisen im motorisierten Fahrzeug, An- und Ausschalten von elektrischen Geräten, Rauchen, Tragen von Gegenständen, die man am Schabbat nicht gebrauchen darf (wie z.B. Brieftasche, Geld, Füllfederhalter und Bleistift, Musikinstrumente, Steine).

13. Man soll am Schabbat Torah studieren, insbesondere, wenn man während der Woche nicht viel Zeit fürs Torahstudium hat.

GEHEILIGTE ZEITEN

1. Während eines Jahres begeht der Jude die in der Torah vorgeschriebenen Feiertage: Pesach, Schawuot, Sukkot, Rosch HaSchanah und Jom Kippur.

2. An diesen Tagen ist, wie auch am Schabbat, Arbeit verboten. Es ist jedoch - ausgenommen am Jom Kippur – erlaubt, Arbeit zu leisten, die mit der Vorbereitung des Essens für den Feiertag verbunden ist. Die Gesetze, die sich damit beschäftigen, sind zahlreich und erfordern ein gründliches Studium.

3. Pesach wird sieben Tage lang vom 15. bis 21. des Monats Nissan gefeiert. Es erinnert an unseren Auszug aus Ägypten. Der erste und der letzte Tag werden in der Torah als »Tage der heiligen Zusammenkunft« bezeichnet; an diesen Tagen ist Arbeit verboten, wie bereits in Punkt 2. dargelegt. Die dazwischenliegenden Tage haben einen halbfestlichen Charakter und heißen »Chol HaMoed«.

4. Das Essen von Chametz oder jeglicher Nutzen daraus ist während Pesach verboten. Chametz ist das Ergebnis der Fermentierung von Getreide. Es ist ebenfalls verboten, daß Chametz oder ein es enthaltendes Produkt sich während Pesach rechtlich im Besitz eines Juden befinden. Die Halacha definiert, daß Getreide oder das Mehl aus ihm, wenn angefeuchtet, nach 18 Minuten fermentieren.

5. An Pesach wird ungesäuertes Brot, Matza, welches entsprechend der Halacha hergestellt wurde, gegessen.

6. Das erste Pesach-Mahl wird in der Nacht des 14. Nissan nach Einbruch der Dunkelheit in einer besonderen rituellen Ord-

nung, dem Seder, eingenommen. In diesem sind die Erzählung von Exodus, Gebete, Segenssprüche und symbolische Speisen – Matza und Maror (bittere Kräuter) – miteinander verwoben. Das Pesach-Mahl wird in festlicher Stimmung eingenommen. Der Seder ist in einem Büchlein aufgeschrieben, der Pesach-Haggada.

7. An Pesach und den anderen Feiertagen werden besondere Gebete gesprochen, welche in für die jeweiligen Festtage bestimmten Gebetbüchern (Machsorim) stehen.

8. Schawuot wird nach der Zählung von 49 Tagen (ab dem 16. Nissan) gefeiert. Es ist ein eintägiges Fest und erinnert an den Empfang der Torah durch das jüdische Volk am Berg Sinai. An diesem Tage brachte man im Tempel die Erstlinge des Weizens als Speiseopfer (Mincha) dar. Dieses Opfer hieß »Zwei Brote« oder auch »Erstlinge«.

9. Sukkot (wörtlich: »Hütten«) erinnert an die Hütten, in denen die Juden wohnten, als sie nach ihrem Auszug aus Ägypten in der Wüste wanderten. Es ist ein siebentägiges Fest. Der achte Tag ist auch ein Feiertag

und heißt »Schemini Atzeret«. Am ersten und am achten Tag ist Arbeit verboten. Die dazwischenliegenden Tage – Chol HaMoed – haben, wie Pesach, einen halbfestlichen Charakter.

10. Die sieben Tage von Sukkot werden in der Sukkah zugebracht. Dort essen, trinken und schlafen wir wenn möglich auch. Das Dach der Sukkah soll aus Baumzweigen oder Schilf gemacht werden, welche der Erde entnommene und von ihr losgelöste Produkte sind.

11. Während der Gebete an Sukkot halten wir, außer am Schabbat, vier Pflanzenarten in den Händen. Die Pflanzenarten:
    11.1 Etrog, (eine Zitrusfrucht),
    11.2 Lulav, (geschlossener Palmenzweig),
    11.3 Hadas (Myrthenzweig),
    11.4 Arawah (Weidenzweig).
    Die drei letzteren sind auf eine besondere Art und Weise zusammengebunden. Wenn die vier Arten rituell geeignet und richtig angeordnet sind, sprechen wir einen Segensspruch.

12. Der achte Tag heißt Schemini Atzeret – »Der Achte der Zusammenkunft«. Die Suk-

kah und die vier Pflanzenarten sind an ihm nicht mehr in Gebrauch. In Eretz Israel (Land Israel) ist es auch der Tag von Simchat Torah. An diesem Tag beenden wir die jährliche Torah-Lesung und fangen sofort wieder von vorn an. Simchat Torah wird als ein Freudenfest, mit den Torah-Rollen auf dem Arm tanzend, begangen.

13. Aus Ungewißheit hinsichtlich des exakten Datums der Monatsanfänge haben die Weisen angeordnet, daß Juden, welche außerhalb von Eretz Israel wohnen, jedem »Tag der heiligen Zusammenkunft« einen weiteren hinzufügen. Dieser zusätzliche Tag heißt »Jom Tov Schejni Schel Galujot« – der zweite Festtag der Diaspora. Daher sind in der Diaspora die folgenden Tage volle Festtage, an denen Arbeit verboten ist:
    13.1 Pesach: der erste, zweite, siebte und achte Tag,
    13.2 Schawuot: zwei Tage,
    13.3 Sukkot: der erste, zweite, achte und neunte Tag.

14. Rosch HaSchanah, das Neue Jahr, ist eine Ausnahme, denn es wird auch in Eretz Israel zwei Tage lang an den ersten beiden Tagen des Monats Tischri gefeiert. Das sind

Tage der Selbsterforschung und des Gebetes. Am Rosch HaSchanah wurde der Mensch erschaffen. Arbeit ist an Rosch HaSchanah verboten, so wie an den anderen Festtagen auch.

15. Während der Gebete wird an Rosch HaSchanah der Schofar, ein Widderhorn geblasen. Es ist für jeden Juden eine religiöse Verpflichtung die vorgeschriebenen Töne in der von den Weisen bestimmten Reihenfolge zu hören.

16. Jom HaKippurim, der Versöhnungstag, wird am 10. Tischri begangen. Es ist ein Tag des Fastens, der Umkehr und der Buße. Er heißt Schabbat Schabbaton – ein Schabbat feierlicher Ruhe. Arbeit ist verboten wie am Schabbat. Wir beten den ganzen Tag. Jom HaKippurim fängt einige Minuten nach Sonnenuntergang am 9. Tischri mit einem besonderen Gebet an: »Kol Nidrei«. Er geht zu Ende nach Sonnenuntergang am 10. Tischri – ebenfalls mit einem besonderen Gebet: »Ne'ilah«.

17. Außer der Verpflichtung eines vollständigen Fastens besteht an Jom Kippur auch das Verbot des ehelichen Geschlechtsverkehrs,

der Körperwäsche, des Salbens sowie des Tragens von Lederschuhen.

18. Neben diesen Tagen, welche in der Torah als »heilige Zusammenkunft« bezeichnet werden und an denen Arbeit verboten ist, gibt es andere Feiertage, die von den Weisen eingeführt wurden: Chanukkah und Purim. In unseren Tagen hat das Oberrabbinat von Israel den Jom HaAtzama'ut (Unabhängigkeitstag) und den Jom Jeruschalajim (Tag Jerusalems) als Festtage bestimmt.

19. Chanukkah erinnert an unsere Befreiung von der früheren hellenistischen Unterjochung in den Tagen des Antiochus Epiphanes. Es wird acht Tage lang begangen, angefangen am 25. Kislev. In der ersten Chanukkahnacht zünden wir zu Hause und in der Synagoge eine Kerze an. Am zweiten Tag zünden wir zwei Kerzen an u.s.w. bis zum achten Tag, an dem wir acht Kerzen anzünden. Die Kerzen werden an einem Platz aufgestellt, wo sie von vielen Leuten zu sehen sind, damit das Chanukkah-Wunder bekanntgemacht wird.

20. Purim erinnert an das Wunder, durch welches das jüdische Volk in den Tagen des

Ahasver, des Königs von Persien, gerettet wurde. Es wird am 14. Adar gefeiert (in Jerusalem am 15.). An diesem Tag lesen wir die Esther-Rolle (ein Buch der Bibel). Wir feiern den Tag mit einem besonderen Mahl, verschicken zwei Nahrungsmittel als Geschenk an Freunde und geben Almosen für Arme.

21. Jom HaAtzma'ut – Unabhängigkeitstag – erinnert an die Erneuerung der jüdischen Unabhängigkeit im Lande Israel am 5. Ijjar 5708 (1948). An diesem Tag erhielt das jüdische Volk seine Würde zurück, und die Tore des Landes Israel wurden jedem Juden zur Rückkehr in das Land seiner Vorfahren geöffnet. Das Oberrabbinat hat angeordnet, daß dieser Tag mit besonderen Gebeten begangen wird.

22. Jom Jeruschalajim – der Tag Jerusalems – wurde nach dem Sechs-Tage-Krieg im Juni 1967, in welchem die Altstadt von Jerusalem, der Sitz des heiligen Tempels, befreit wurde und die Juden von Eretz Israel vor der Vernichtung errettet wurden, als ein Tag der Freude und der Rezitation des Hallel (Psalm 113-118) bestimmt.

23. Zwei andere besondere Tage, die wir begehen, sind der 15. Schewat und »Lag BaOmer«.

23.1 Wir feiern den 15. Schewat durch das Essen von Früchten, insbesondere der Arten, die in Eretz Israel wachsen.

23.2 »Lag BaOmer« – der 33. Tag des Omerzählens zwischen Pesach und Schawuot – wird am 18. des Monats Ijjar begangen. An diesem Tag erinnern wir uns an das Ableben des Rabbi Schimon Bar Jochai und an das Ende einer Plage, welche die Schüler des Rabbi Akiba während des Aufstandes gegen die Römer dahinraffte.

24. Neben Jom Kippur, welcher ein in der Torah vorgeschriebener Fastentag ist, begehen wir fünf zusätzliche Fastentage:

24.1. Der 10. Tewet erinnert an den Tag, als während des Bestehens des Ersten Tempels Jerusalem der Belagerung durch die Babylonier anheimfiel (2. Buch der Könige, Kap. 25 und Jeremia, Kap. 52). In unserer Zeit hat das Oberrabbinat von Israel verkündet, daß wir an diesem Fasttag auch der sechs Millionen Toten gedenken, die während des Zweiten Weltkrieges von den Deutschen und ihren Verbündeten ermordet wurden.

24.2. Am 17. Tamuz fasten wir in Erinnerung an den durch die Armee des babylonischen Königs Nebukadnezar erreichten Durchbruch durch die Mauern Jerusalems und das Eindringen der römischen Legionen des Titus. An diesem Tage haben sich noch andere unheilvolle Ereignisse zugetragen.

24.3 Der 9. Av ist ein Fasttag, der – vom Verbot der Arbeit abgesehen – mit seinen strengen Vorschriften dem Jom Kippur ähnelt. Wir beklagen an ihm den Verlust des Tempels von Jerusalem. Das Fasten fängt kurz vor Sonnenuntergang an und dauert bis nach Einbruch der Dunkelheit am 9. Av. (An den anderen vier Fasttagen fasten wir nur während des Tages, von der Morgendämmerung bis zum Einbruch der Dunkelheit. Es wird das Buch der Klagelieder (aus der Bibel) gelesen.

24.4. Zom Gedaliah – der Fasttag am 3. Tischri – erinnert an die Ermordung des Gedalia Ben Ahikam, aus der Dynastie Davids, Gouverneur von Juda, den die Babylonier nach der Zerstörung des Ersten Tempels in Jerusalem eingesetzt hatten.

24.5. Ta'anit Esther: Der Fasttag Esthers. Er wird am 13. Adar begangen und erinnert an den Fasttag der Königin Esther, bevor sie um die Audienz beim persischen König ersuchte (s. Purim).

25. An all diesen Fast- und Feiertagen sprechen wir besondere Gebete, welche im Gebetbuch enthalten sind und lesen bestimmte Kapitel aus der Torah und den Propheten.

JÜDISCHE WOHNORTE

1. Für den Juden gilt das Gebot, im Lande Israel zu wohnen. Es ist das heilige Land, welches im Hinblick auf die göttliche Inspiration von Gott vor allen anderen Ländern der Welt erwählt wurde. Wer im Lande Israel wohnen kann und es unterläßt, handelt einem der Gebote der Torah zuwider.

2. Das Wohnen im Lande Israel wiegt alle anderen Gebote auf, und derjenige, der außerhalb des Landes Israel wohnt, wird mit einem Götzendiener verglichen.

3. Es ist nicht erlaubt, das Land Israel zu verlassen, außer um ein Gebot zu erfüllen oder

aus einer existentiellen, materiellen oder geistigen Notwendigkeit heraus.

4. Es ist nicht gestattet, in einer Gemeinde zu leben, zu deren Einwohnern weniger als zehn gläubige Juden zählen.

5. Es ist nicht gestattet, in einer Gemeinde zu leben, die keine Torah-Rolle und keinen zum Gebet und Torah-Studium vorgesehenen Ort hat.

6. Es ist nicht erlaubt, in einer Gemeinde zu leben, wo kein Zugang zu einem rituellen Bad (»Mikwe«) ist.

7. Es ist nicht gestattet, in einer Gemeinde zu leben, in der kein koscheres Essen zu erhalten ist.

8. Es ist nicht gestattet, in einer Gemeinde zu leben, in der kein Arzt, Mohel (Beschneider) und Decisor (autorisierter Gesetzesausleger) wohnen.

9. Jede jüdische Gemeinde sollte einen Begrenzungsdraht anbringen, um das Tragen von Gegenständen am Schabbat zu ermöglichen.

10. Eine jüdische Gemeinde, die von einer Mauer mit einem Tor umgeben ist, muß an dem Tor eine Mesusa (eine auf Pergament geschriebene Inschrift, die in einem Behälter so gerollt wird, daß das Wort Schaddai = Allmächtiger, sichtbar ist) anbringen.

11. Eine jüdische Gemeinde muß einen angemessenen Gesundheits- und Räumdienst sowie hygienische Einrichtungen besitzen.

DAS JÜDISCHE HAUS

1. Ein jüdisches Haus muß an jeder Türöffnung eine »Mesusa« haben, die auf die Heiligkeit des Hauses und seiner Räume hinweist sowie darauf, daß das Haus geheiligt ist und von Gott beschützt wird, der in Ewigkeit über unser Gehen und Kommen wacht.

2. Die »Mesusa« ist ein Pergamentblatt, auf das zwei Absätze aus der Torah geschrieben sind, der eine »Schema Jisrael« (Deut. 6,4-9), der andere »WeHajja Im Schamoa« (Deut. 11,13-21) – in Ihnen wird das Gebet der »Mesusa« erwähnt.

3. Die Mesusa ist auf eine besondere Art und mit besonderer Tinte geschrieben, ähnlich

wie die Torah-Rolle. Eine gedruckte oder fotokopierte Mesusa ist ungültig.

4. Die Mesusa wird nach einem Segensspruch am oberen Drittel des rechten Türpfostens (vom Standpunkt des Eintretenden aus) befestigt.

5. Ein Haus oder Zimmer erfordert eine Mesusa, sofern es dem Menschen als ständige Wohnung dient.

6. Man soll im Haus heilige Bücher haben, um immer Torah lernen zu können.

7. Es sollte ein Haus gebaut werden, in dem das Aufstellen einer Sukkah möglich ist, in der man das Fest der Sukkot verbringen kann.

8. Es sollen 2 Spülen in der Küche vorhanden sein, die die getrennte Behandlung von milchigem und fleischigem Geschirr ermöglichen.

9. Das Haus soll so angelegt sein, daß die Privatsphäre der Bewohner gewahrt wird und daß es nicht von außen einsichtig ist.

10. Es ist wünschenswert, daß zum Zwecke der Energieersparnis und erwünschter Be-

leuchtung eine automatische »Schabbatuhr« (Einschaltuhr) für Schabbatte und Feiertage eingerichtet wird.

11. Es ist ein Gebot, am Rande jedes Hausdachs, Balkons oder Lochs im Hof einen Zaun von etwa 1m Höhe anzubringen. Er muß so fest sein, daß er vor Herabfallen schützen kann. Man soll sich vor allem hüten, was Menschenleben im Haus gefährden kann, wie z. B. brüchige Leitern.

DIE JÜDISCHE FAMILIE

1. Das Leben der jüdischen Familie beruht auf einem Leben der Heiligkeit, welches ein angemessenes Gleichgewicht zwischen Abstinenz und Permissivität mit sich bringt.

2. Eheliche Beziehungen, Geschlechtskontakt und jegliche körperliche Berührung sind außerhalb der Ehe mit Frauen – auch unverheirateten – verboten.

3. Jeder jüdische Mann muß heiraten, um sich zu vermehren. Ein Mann soll aber auch

dann nicht unverheiratet bleiben, wenn er das Gebot der Vermehrung bereits erfüllt hat.

4. Ein Mann, der Vater eines Sohnes und einer Tochter ist, hat das Gebot der Vermehrung erfüllt.

5. Folgende Verwandte und Personen darf man nicht heiraten und auch keinen sexuellen Umgang mit ihnen pflegen:
Mutter, Frau des Vaters, verheiratete Frau, Schwester, Tochter, Enkelin, Schwester des Vaters und der Mutter, Tante, Frau eines Sohnes, Frau eines Bruders, eine Frau und ihre Tochter (hier verbietet sich durch die Heirat mit der einen die Heirat mit der anderen), eine Frau und die Tochter ihres Sohnes (hier verbietet sich durch die Heirat mit der einen die Heirat mit der anderen), eine Frau und ihre Tochter, zwei Schwestern, die Schwiegertochter. Ebenfalls verboten sind die folgenden:
Groß- und Urgroßmutter väterlicher und mütterlicherseits. Dieselben Gesetze gelten für die Seitenlinie der eigenen Frau. Des weiteren sind verboten:
Stiefgroßmütter, Frauen von Onkeln von beiden Seiten, Urenkelinnen von beiden

Seiten, Schwiegertöchter des Sohnes oder der Tochter.
Nichte und Cousine sind erlaubt.

6. Es ist verboten, mit einer der oben erwähnten Personen, mit einer unverheirateten Frau, sowie mit der eigenen Verlobten allein zu sein, damit diese Isolation nicht zu Berührung und verbotenen sexuellen Beziehungen führt. Es gibt kein Verbot, allein mit den eigenen Eltern zu sein.

7. Geschlechtliche Beziehungen zwischen einem Mann und einer Frau sind erst nach der Heirat erlaubt. Doch auch dann darf ein Jude nicht von seinen Leidenschaften beherrscht werden, denn er ist kein Tier.

8. Das Eheleben erfordert gegenseitigen Respekt und Liebe, Hilfsbereitschaft und ein beständiges Sich-Beraten in Familienangelegenheiten.

9. Während des Monatszyklus der Frau («Niddah«) ist dem Paar jeglicher körperlicher Kontakt verboten.

10. Nach einer Menstruationsperiode von fünf Tagen muß eine Frau sieben reine (blutlose) Tage zählen. Sodann muß sie in einem

geeigneten rituellen Bad untertauchen und ist ihrem Mann erlaubt.

11. Die Gesetze der »Niddah« sind zahlreich und müssen sorgfältig gelernt werden, damit sie richtig befolgt werden können. Ein Mann sollte sie mit einem gelehrten Mann, eine Frau mit einer Frau studieren.

12. Aufgrund ihrer körperlichen Beschaffenheit und Merkmale sowie wegen ihrer natürlichen Rolle im Aufziehen von Kindern ist eine Frau von der Ausübung von Geboten, deren Erfüllung an eine bestimmte Zeit gebunden ist, ausgenommen. Alle anderen Ge- und Verbote muß sie aber erfüllen.

13. Nichtsdestoweniger gibt es auch von der Zeit abhängige Gebote, die von Frauen erfüllt werden müssen.

14. Ein Vater ist verpflichtet, seine Kinder zu unterrichten und die Mutter ist ein Partner in der Erziehung. Kinder können auch durch Lehrer unterrichtet werden. In dem persönlichen Vorbild der Eltern liegt jedoch das Hauptgewicht der häuslichen Erziehung.

15. Die Verpflichtung, ein Kind zu erziehen, besteht bei einem Jungen bis zum Alter von

dreizehn, bei einem Mädchen bis zum Alter von 12 Jahren. Von diesem Alter an werden sie als Erwachsene angesehen, aber die Eltern sollten so lange mit der Unterweisung fortfahren, wie sie Einfluß auf ihre Kinder haben.

16. Das Gebot, Vater und Mutter zu ehren, ist sehr wichtig, denn es ist die Grundlage des Weiterreichens von Tradition und Erfahrung von einer Generation an die nächste.

17. Wie ehrt man seine Eltern? Durch Beschaffung von Essen und Kleidung, sowie ganz allgemein, durch die Sorge um ihre Bedürfnisse.

18. Desgleichen muß man seinen Vater und seine Mutter fürchten, indem man aufsteht, wenn sie eintreten, sich nicht auf ihren Platz setzt, ihnen nicht widerspricht und sie nicht beim Namen ruft. Man soll sogar schweigend eine Beleidigung ihrerseits erdulden und sie nicht beschämen.

19. Eltern dürfen ihre Kinder nicht zu sehr belasten, denn das könnte Abneigung hervorrufen und als Folge ein Abweichen vom rechten Weg.

20. Man muß auch ältere Brüder, Stiefeltern und Großeltern ehren.

DIE HEILIGKEIT DES KÖRPERS

1. Dem Juden ist geboten, seinen Körper zu reinigen und heilig zu machen, entsprechend dem Gebot aus der Torah: »Ihr sollt heilig sein«.

2. Die Torah bestimmte ein Zeichen des Bundes zwischen Gott und Seinem Volk, um die Heiligkeit des Körpers hervorzuheben. Dieses Zeichen ist die Beschneidung.

3. Die Beschneidung besteht aus drei Handlungen:
   - 3.1. dem Abschneiden der Vorhaut, welche die die Eichel des männlichen Geschlechtsorgans bedeckende Haut ist.
   - 3.2. dem Freilegen der Eichel durch Zurücklegen der Haut.
   - 3.3. dem Absaugen des Blutes aus der Schnittstelle, um Infektionen zu vermeiden.

4. Ein Vater hat die Verpflichtung, seinen Sohn am achten Tag nach der Geburt zu beschneiden. Er kann sich auch des Dien-

stes eines gesetzestreuen Mohel bedienen, der das Gebot in seinem Namen ausführt.

5. Bei einem Baby, dessen Gesundheit durch die Beschneidung am achten Tag gefährdet sein könnte, kann die Beschneidung verschoben werden. Dies geschieht nach Beratung mit einem Arzt.

6. Eine Beschneidung wird mit dem dazugehörigen Segensspruch und über einem Glas Wein durchgeführt. Es ist wünschenswert, daß zehn Männer (Minjan) anwesend sind.

7. Ein Jude, der nicht aus dem Stamme der Leviten ist, muß seinen erstgeborenen Sohn (von der Mutter) nach dreißig Tagen »auslösen«. Dies geschieht in einer besonderen Zeremonie mit dem Namen »Pidjon Ha-Ben«, bei der einem Priester der Gegenwert von 35 Gramm Silber gegeben wird.

8. Für einen Mann ab 13 Jahre besteht das Gebot, jeden Tag – außer an Schabbat und Feiertagen – Tefillin (Gebetskapseln) zu legen. Wie die »Mesusa« (am Haus) so sind die Tefillin ein Zeichen an unserem Körper, um an Gott zu erinnern und unseren Körper zu heiligen (Kopf, Herz und Hände).

9. Die Tefillin sind rechteckige Kapseln, hergestellt aus der Haut eines »reinen« Tieres, in welche vier Abschnitte aus der Torah eingefügt sind. (Ex. 13,1-10; 11-16; Dt. 6,4-9; 11, 13-21).

10. Diese Abschnitte, in welchen das Gebot der »Tefillin« erwähnt ist, sind nach Art der Torah-Rolle auf Pergament geschrieben.

11. Die Kapseln sind in eine Basis eingelassen, die eine Kerbe für die Riemen der »Tefillin« besitzt. Die Kapseln, Basis sowie die Riemen sind schwarz gefärbt und mit den Sehnen eines »reinen« Tieres zusammengenäht.

12. Es gibt eine Gebetskapsel für den Kopf und eine für den Arm. Die Gebetskapsel für den Arm enthält eine Innentasche, in welche das beschriebene Pergament eingefügt wird. Die Gebetskapsel am Kopf besteht aus vier solchen Innentaschen, in welche die beschriebenen Pergamentblättchen eingefügt werden. Die Gebetskapseln und ihre Behälter sind viereckig.

13. Die Gebetskapsel für den Kopf enthält den Buchstaben »Schin«, der auf dem den Be-

hälter umschließenden Lederstreifen ausgeformt ist. Die rechte Seite weist ein dreiköpfiges, die linke ein vierköpfiges »Schin« auf.

14. Das Gerben und das Schreiben der Tefillin muß in der Absicht geschehen, das Gebot der Tefillin zu erfüllen. Tefillin sind zum Gebrauch ungeeignet, wenn sie von einem Nicht-Juden oder einem nichtgläubigen Juden geschrieben wurden.

15. Die Gebetskapseln für den Kopf müssen auf dem Haaransatz, senkrecht über der Mitte zwischen den Augen gelegt werden, dort, wo die Fontanellen eines kleinen Kindes noch weich sind. Sie sollen nicht auf der Stirn angebracht werden.

16. Die Gebetskapseln für den Arm werden am Bizeps des linken Armes angebracht. Ein Linkshänder legt Tefillin am rechten Arm.

17. Die Tefillin müssen direkt am Körper anliegen, ohne daß etwas dazwischen liegt.

18. Die Tefillin werden mit einem Segensspruch gelegt, zuerst am Arm und dann am Kopf, wie in der Torah vorgeschrieben.

19. Die Zeit zum Tefillinlegen ist von Tagesanbruch bis zum Sonnenuntergang. Es ist Sitte, sie morgens beim Gebet zu legen (am Fasttag 9. Ab beim Nachmittagsgebet).

20. Einem männlichen Juden ist geboten, an viereckigen Kleidungsstücken, die er trägt, Schaufäden anzubringen. Dieses Gebot findet sich in Num. 15,37-41. Da wir den in der Torah erwähnten erforderlichen nach der Tradition blauen Farbstoff nicht besitzen, benutzen wir lediglich weiße Schaufäden. Ein Jude heiligt somit seinen Körper und seine Kleidung.

21. Es ist Sitte, während des Gebetes einen Gebetsschal mit Schaufäden und tagsüber ein viereckiges Kleidungsstück (kleiner Tallit) mit Schaufäden unter der Kleidung zu tragen.

22. Die Schnüre der Schaufäden («Zizit«) werden an jedem Ende des Schals, etwa fünf Zentimeter von der Ecke entfernt, durch ein Loch gezogen. Man pflegt vier Fäden durchzuziehen. Diese werden zu acht Fäden verdoppelt und anschließend mit einem Doppelknoten verbunden.

23. Es ist Sitte, einen Faden länger zu machen. Nach dem ersten Doppelknoten wird dieser Faden siebenmal um die übrigen sieben Fäden gewunden. Dann wird mittels der zwei Vier-Faden-Gruppen ein weiterer Doppelknoten gebunden. Das Ganze wiederholt sich mit acht, elf und dreizehn Windungen, jeweils mit Doppelknoten dazwischen sowie am Ende. Es gibt verschiedene Bräuche, die Windungen vorzunehmen.

24. Die Schnüre der Fäden müssen in der Absicht, ein Gebot zu erfüllen, gesponnen worden sein.

25. Wenn die Schnüre reißen, werden die Schaufäden unbrauchbar.

26. Frauen sind von dem Gebot der Tefillin und Zizit (Schaufäden) befreit, da diese Gebote zu ihrer Erfüllung an bestimmte Zeiten gebunden sind.

27. Ein Jude darf seinen Körper nicht verletzen oder verstümmeln, denn er wurde im Bilde Gottes erschaffen. Außerdem ist das eine Sitte der Heiden, der nicht gefolgt werden darf.

28. Es ist verboten, seinen Körper zu tätowieren.

29. Es ist verboten, als Zeichen der Trauer, Einschnitte in den Körper vorzunehmen oder sich die Haare auszureißen.

30. Es ist einem jüdischen Mann verboten, sein Barthaar an der Seite mit einer Rasierklinge oder einem Rasiermesser abzurasieren. Da die genaue Stelle der verbotenen Gesichtspartie unbekannt ist, wurde Gesichtsrasur mit einem Rasiermesser überhaupt verboten. Es ist jedoch erlaubt, sich mit einem elektrischen Rasierapparat zu rasieren oder eine Schere zu benutzen.

31. Selbst mit Schere darf man jedoch nicht die Schläfenlocken bis zum Knochen an der Mitte des Ohres entfernen. Denn das wird »Umfassung des Gesichtes« genannt und gehört zu den verbotenen Sitten der Heiden.

32. Ein Mann darf keine Frauenkleider tragen. Eine Frau darf keine Männerkleider tragen.

33. Töchter Israels ziehen sich mit Bescheidenheit an. Sie tragen Kleider und Röcke, die

nicht kürzer sind als Kniélänge und Ärmel, die über die Ellbogen hinausgehen. Sie tragen keine Hosen.

34. Es ist Brauch unter jüdischen Männern, nicht mehr als vier Ellen (etwa zwei Meter) ohne Kopfbedeckung zu gehen.

35. Es ist Brauch, beim Sprechen von Segenssprüchen und beim Beten den Kopf zu bedecken.

36. Eine verheiratete Frau ist verpflichtet, ihren Kopf zu bedecken.

»KOSCHERES« ESSEN

1. Um die Heiligkeit von Körper und Seele zu wahren und das Volk Israel von anderen Völkern zu unterscheiden, wurden die Juden angewiesen, bestimmte Tiere nicht zu essen und die erlaubten Tiere nach besonderen Regeln vorzubereiten.

2. Es ist verboten, das Fleisch eines Tieres oder Geflügels zu essen, welches bei lebendigem Leibe (das heißt: ohne vorheriges Schlachten) herausgerissen wurde. Dieses

Verbot besteht auch für Nicht-Juden, denn es ist eines der Sieben Gebote der Söhne Noahs. Das Verbot ist dazu da, Grausamkeiten zu verhindern.

3. Es ist verboten, das Blut eines Tieres oder von Geflügel zu genießen. Dieses Verbot wird in der Torah mehrmals wiederholt und enthält eine Begründung: »Denn die Seele des Fleisches ist im Blut, und Ich gab es euch auf dem Altar, um für eure Seele Sühne zu tun« (Lev. 17,11) und »Du sollst nicht die Seele mit dem Fleisch essen« (Dt.12,23).

4. Es ist verboten, den »Chelev« eines Tieres zu essen. Dieser Ausdruck bezeichnet das feste, dichte Fett des Tieres. »Gid HaNasche«, eine bestimmte Sehne vom Oberschenkel eines Tieres, ist ebenfalls verboten. Daher müssen diese zwei Bestandteile eines koscheren Tieres entfernt werden, bevor es gegessen werden darf.

5. Man darf keine anderen Tiere essen als die, welche im Deuteronomium als erlaubt aufgeführt sind: »Stier (Rind), Schaf, Ziege, Widder, Hirsch, Rehbock, Ibet, Antilope, Bison, Bergziege«. Allerdings sind die genau-

en Arten der mit den letzten fünf Namen bezeichneten Tiere heute nicht genau identifizierbar. Daher sollten diese nicht gegessen werden, es sei denn, es besteht eine eindeutige Tradition.

6. Man darf nicht die in Lev. 11 aufgezählten Vögel essen. Da wir jedoch nicht bezüglich aller Arten genau Bescheid wissen, sollte kein Geflügel, das nicht nach klarer Überlieferung koscher ist, gegessen werden.

7. Ein Tier oder Geflügel darf nur gegessen werden, wenn es auf die vorgeschriebene Art und Weise von einem autorisierten Experten mit einer koscheren Klinge geschlachtet wurde.

8. Nach ritueller Schlachtung (Schächtung) muß ein Tier auf Makel untersucht werden, die es »Trefah« machen würden – d.h. ein Schaden, welcher es fürs Essen ausschließen würde. Es gibt viele Arten von »Trefah«.

9. Das Fleisch eines koscheren Tieres oder von koscherem Geflügel darf erst gegessen werden, nachdem es zum Zwecke der Blutentfernung gesalzen wurde. Vor dem Salzen wird das Fleisch gespült und dann für

eine halbe Stunde (in einer besonderen für diesen Zweck vorgesehenen Schüssel) ins Wasser gelegt um aufzuweichen. Dann wird es wieder gespült, gesalzen und auf ein Gestell mit Löchern oder eine abschüssige Fläche gelegt, so daß das Blut abfließen kann. Der Vorgang des Salzens besteht aus dem Streuen einer beliebigen Menge groben Salzes über alle Seiten des Fleischstückes. Es ist Brauch, das Fleisch eine Stunde lang gesalzen zu lassen. Dann wird es gründlich ausgespült und ist bereit zum Kochen.

10. Zum Braten bestimmtes Fleisch braucht nicht gesalzen zu werden, sondern muß nur vor und nach dem Braten gespült werden. Manche Juden pflegen es vor dem Braten leicht zu salzen.

11. Leber muß der Länge und Breite nach aufgeschnitten werden und wird nur durch Braten »gekoschert«, bevor sie noch gekocht oder so gegessen wird.

12. Auch das Herz muß vor dem Einsalzen der Länge und Breite nach aufgeschnitten werden.

13. Fische mit Flossen und Schuppen dürfen gegessen werden und erfordern weder rituelle Schlachtung noch Einsalzen.

14. Insekten, Reptilien und Würmer dürfen nicht gegessen werden. Früchte und Gemüse müssen vor dem Essen auf Würmer und andere Insekten untersucht werden.

15. Eier von nicht-»koscheren« Vögeln dürfen nicht gegessen werden.

16. Im Ei bemerktes Blut kann das Blut eines Kückens im Entwicklungsstadium sein, daher ist das Ei verboten. Ein Ei, welches in einer Eierbatterie gelegt wurde, wo sich männliche und weibliche Hühner befinden und welches Blut enthält, ist verboten. In Israel werden die meisten Eier in getrennten Eierbatterien gelegt und daher wird, wenn Blut nur im Eiweiß gefunden wird, das Blut selbst weggeworfen, und der Rest des Eis darf gegessen werden. Es gibt Rabbiner, die auch dies verbieten.

17. Die Milch eines verbotenen Tieres ist ebenfalls verboten.

18. Man darf keinen Käse essen, der nicht unter der Überwachung eines Rabbiners oder rabbinischen Rates steht.

19. Fleisch und Milch dürfen nicht zusammen

gegessen werden. Sie dürfen nicht zusammen gekocht und keinerlei Nutzen darf aus miteinander gekochtem Fleisch und Milch gezogen werden. Es gibt verschiedene Bräuche, was die Zeitspanne des Wartens nach Fleisch vor Milch (oder auch nach Hartkäse vor dem Essen von Fleischgerichten) anbelangt. Der am meisten befolgte Brauch ist, sechs Stunden zu warten. Nach dem Essen von Milchgerichten, vor Fleisch, wäscht man sich die Hände und spült gut den Mund aus. Es gibt solche, die auch nach dem Verzehr von Milch oder Streichkäse bis zum Fleischgenuß eine halbe Stunde verstreichen lassen.

20. Man muß ein jeweils gesondertes Eßgeschirr für Milch und für Fleisch haben, und es sollte getrennt aufbewahrt werden. Wo es möglich ist, ist die Benutzung von zwei gesonderten Spülbecken zu empfehlen. Die verschiedenen Eßgeschirre sollten klar unterscheidbar sein.

21. Sollten Milch- und Fleischgerichte zufällig vermischt werden, muß man den Status des Essens (koscher oder nicht) von einem Rabbiner feststellen lassen. Wurden sie zusammen gekocht, wird der Status der Töpfe und des Geschirrs ebenfalls fraglich.

22. Dasselbe gilt für den Fall, daß »koscheres« und »nicht-koscheres« Essen zufällig vermischt wurden. Auch dann muß ein Rabbiner nach den weiteren Maßnahmen befragt werden.

23. Aus Gesundheitsgründen dürfen auch Fleisch und Fisch nicht zusammen gegessen werden. Es ist Brauch zwischen Fisch und Fleisch das Geschirr zu spülen und Hände und Mund zu waschen.

24. Wein und andere Getränke aus Weintrauben dürfen, wenn von Nichtjuden hergestellt, nicht getrunken werden. Ähnlich ist auch von Nichtjuden gemolkene Milch verboten, aber es gibt Gelehrte, die sie unter bestimmten Umständen erlauben.

25. Von Nichtjuden gekochtes Essen ist verboten: wegen der Details in diesen Angelegenheiten sollte ein Rabbiner befragt werden.

26. Geschirr, Töpfe und Pfannen, welche irgendeine verbotene Substanz absorbiert haben, müssen von einem Experten in einem besonderen Verfahren wieder »koscher« gemacht werden.

27. Von einem Nichtjuden gekauftes neues Küchenzubehör muß, wenn es aus Metall, Glas, Plastik oder glasiert ist, in einer »Mikwe« (rituelles Bad, welches die halachischen Erfordernisse für ein Eintauchen erfüllt) eingetaucht werden.

28. Nahrungsmittel, welche aus der Erde wachsen und in Israel von Juden gezüchtet wurden, müssen vor dem Essen verzehntet werden. Die Regeln für das Verzehnten müssen genau gelernt werden.

29. Die Frucht eines Baumes während seiner ersten drei Jahre heißt »Orla« und darf nicht gegessen werden, es darf auch kein Genuß oder Nutzen aus ihr gewonnen werden.

30. Man muß immer auf die »Kaschrut« von Essen achten. Im Zweifel sollte ein Zertifikat der Überwachung durch einen autorisierten Rabbiner verlangt werden.

MENSCH UND GESELLSCHAFT

1. Der Jude ist stark an seine Gemeinde gebunden und in seinen spirituellen und reli-

giösen Bedürfnissen in vielerlei Hinsicht von ihr abhängig. Das betrifft: Synagoge, »Brit Milah« (Beschneidung) »Bar Mizwa« (feierliche Annahme der unabhängigen Verantwortung als Jude, für Männer im Alter vom 13, für Frauen im Alter von 12 Jahren), Heirat, Begräbnis, Trauer u.s.w. Alle Gebote und Segenssprüche sind im Plural formuliert, um zu lehren, daß das Wohlergehen des Einzelnen vom Wohlergehen der Gemeinschaft abhängt. Daher sollte man sich nicht von der Gemeinschaft absondern, weder in Zeiten der Trauer noch in Zeiten der Freude.

2. Ein grundlegendes Element aller Gebote ist die Nächstenliebe. Der große Weise Hillel erklärte, wie man lieben soll, auf folgende Weise: »Was dir unangenehm ist, sollst Du nicht deinem Nächsten antun.« Dieses Gebot schließt alle diejenigen Gebote in sich ein, welche zwischenmenschliche Beziehungen betreffen, und es ist eine Einführung in alle anderen Gebote.

3. So wie Israel angewiesen ist: »Liebe deinen Nächsten wie dich selbst«, so ist auch der Proselyt angewiesen: »Liebe deinen Nächsten wie dich selbst« (Lev. 19).

4. Doch das ist nicht alles. Es ist uns geboten, jede Person zu ehren und niemanden zu kränken, der kein Götzendiener ist, vorausgesetzt, er ist kein Bösewicht.

5. Man muß Mitleid mit allen lebenden Wesen haben und nicht grausam zu ihnen sein. Man muß vermeiden, Tieren Leiden zuzufügen. Das geht so weit, daß es ein Gebot ist, ein hungriges Tier zu füttern, bevor sein Herr ißt. Nichtsdestoweniger wird der Gebrauch von Tieren für medizinische Zwekke im Interesse von Menschen nicht als unnötige Grausamkeit angesehen.

6. Es ist uns besonders geboten »Torah«-Gelehrte und Menschen, die sich durch gute Werke auszeichnen, zu ehren.

7. Es gibt ein besonderes Gebot, Rücksicht auf Ältere zu nehmen, insbesondere, wenn sie auch »Torah«-Gelehrte sind.

8. Jeder Mensch ist besonders verpflichtet, seinen Rabbiner und Lehrer zu ehren. Diese Verpflichtung geht sogar über die Ehre, die man den Eltern schuldig ist, hinaus, denn die Eltern haben einen in diese Welt

gebracht, während der Lehrer einen in die Kommende Welt bringt.

9. Jedermann, der von der Gemeinde in ein öffentliches Amt gewählt wurde, verdient besonderen Respekt, insbesondere, wenn es ein Führer ist, der sich um die Bedürfnisse der Gemeinschaft kümmert.

10. Man muß darauf achten, die Armen nicht zu beschämen, sondern sie zu unterstützen. »Wer Mitgefühl mit den Armen hat, dem wird Mitgefühl vom Himmel zuteil.« Almosen müssen mit einer freundlichen Miene gegeben werden. Der zehnte Teil des Nettoeinkommens soll für wohltätige Zwecke ausgegeben werden. Die Wichtigkeit des Gebotes, Almosen zu geben, ist derart, daß es die Macht hat, die endgültige Erlösung herbeizuführen.

11. Es ist uns geboten, Kranke zu besuchen, nach ihrer Gesundheit zu fragen, für ihre Genesung zu beten und zu versuchen, ihnen Mut zu machen. Man muß vermeiden, während des Besuches lästig zu werden.

12. Es ist ein wichtiges Gebot, einen toten Menschen zu seinem Grab zu begleiten

(Begräbnis), besonders wenn es ein Torah-Gelehrter ist. Wenn keiner da ist, ihn zu begraben, ist man verpflichtet, das Torahstudium oder die Arbeit zeitweilig zu unterbrechen, um das zu tun.

13. Jemand, der den Tod eines nahen Familienangehörigen betrauert, verläßt sieben Tage nicht sein Haus und sitzt die sieben Tage in Trauer. Es ist ein Gebot, den Trauernden besonders während dieser Zeit zu besuchen (was auch die Zeit danach nicht ausschließt).

14. Es ist ein wichtiges Gebot, Gäste ins Haus zu bringen und sie zu ehren, insbesondere, wenn sie von weit her kommen. Man sollte sie im Rahmen der eigenen Möglichkeiten mit allem, was sie brauchen, kostenlos versorgen. Das Gebot ist noch wichtiger, wenn es sich um einen Torah-Gelehrten, Armen oder Heimatlosen handelt.

15. Man darf nicht der Rettung eines Juden in Lebensgefahr, wie vor dem Ertrinken oder einem bewaffneten Überfall, ausweichen.

16. Alle Handlungen eines Juden sollten von dem Prinzip geleitet werden, Gottes Na-

men zu heiligen. Er sollte sehr achtsam sein, daß der Name Gottes nicht durch unangemessenes Verhalten seinerseits entweiht würde, insbesondere, wenn er ein Torah–Gelehrter oder jüdischer Führer ist.

17. Geschäftsabkommen und Verhandlungen müssen ehrlich und zuverlässig ausgetragen werden, immer auf der Hut vor Betrug beim Kauf und Verkauf, sowie bei anderen Angelegenheiten.

18. Man sollte immer darauf achten, wahrheitsgemäß zu sprechen. Beschäme einen anderen nie in Öffentlichkeit und sprich nicht negativ von einer Person, auch wenn es die Wahrheit ist. Klatsch ist verboten. Dasselbe gilt vom Fluchen und vulgärer Ausdrucksweise.

19. Hüte dich davor, einem anderen körperlichen oder materiellen Schaden zuzufügen. Wenn Schaden verursacht wurde, sollte man sich bemühen, ihn wiedergutzumachen. Diebstahl von öffentlichem Eigentum kann nicht wiedergutgemacht werden.

20. Das Gebot, einen verlorenen Gegenstand zurückzugeben, umfaßt das Fragen und die

Suche nach dem Besitzer, sowie die Rückgabe des verlorenen Gutes.

21. Geldverleih mit Gewinn (auf Zinsen) ist innerhalb des jüdischen Volkes verboten. Dieses Verbot gewährleistet die Aufrechterhaltung von brüderlichen Beziehungen über das Maß der strikten Gerechtigkeit hinaus. So wie man keine Zinsen von einem leiblichen Bruder nehmen würde, nimmt man keine Zinsen von einem Mit-Juden. Die von Banken in Israel ausgezahlten Zinsen sind erlaubt.

22. Man sollte versuchen, jedem, der es braucht, Geld zu leihen, soweit es die eigenen Mittel erlauben. Dies wird der anderen Person ermöglichen, ihre finanzielle Lage ehrenvoll zu regeln, ohne zur Annahme von Almosen gezwungen zu sein.

23. In allen Fällen von Gerichtsstreitigkeiten sollte ein Gerichtshof aufgesucht werden, der sich am jüdischen Gesetz (Halacha) orientiert. Ein Vergleich ist einem streitigen Urteil vorzuziehen.

PROSELYTEN

1. Die Wichtigkeit des Gebotes, einen Proselyten zu lieben, wird an zahlreichen Stellen betont, wo die Torah dazu ermahnt, ihn zu lieben und seine Ehre nicht zu verletzen. So wie wir lernen »Liebe deinen Nächsten wie dich selbst«, so lernen wir auch im Bezug auf den Proselyten: »Liebe ihn wie dich selbst« (Lev. 19,34).

2. Ein Nichtjude, der Zuflucht unter die Fittiche des Herrn nimmt und die jüdische Religion in ihrer Vollständigkeit auf sich nimmt, wird »Proselyt aus Überzeugung« genannt.

3. Ein Proselyt aus Überzeugung muß in seinem Wunsch zu konvertieren aufrichtig sein, ohne Nebenabsichten. Seine Triebkraft ist der Wunsch nach unverfälschter Kenntnis der »Torah« Israels und die Überzeugung von ihrer Wahrheit, so daß er das wirkliche Bedürfnis hat, ihre Gebote zu erfüllen.

4. Als echter Proselyt wird man erst nach Beschneidung und Untertauchen in einem »koscheren« rituellen Bad angesehen; das

alles in Anwesenheit von drei guten Juden als Zeugen (zu Zeiten des Tempels brachte der Proselyt eine Opfergabe dar). Diesem Vorgang muß die Annahme der Herrschaft der »Torah« und der Gebote vorangehen, welche den wesentlichen Teil der Konversion ausmacht.

5. Die drei Personen müssen gottesfürchtige Juden sein, welche die Torah und ihre Gebote einhalten. Es ist Brauch, einen Gerichtshof zusammenzustellen, dem mindestens ein »Torah«–Gelehrter, der in den Gesetzen der Konversion besonders bewandert ist, angehört.

6. Es ist Brauch, im Augenblick des Eintauchens den Proselyten an einige Gebote und ihren potentiellen Lohn sowie Strafe zu erinnern.

7. Während des Eintauchens darf kein Gegenstand zwischen den Körper und das Wasser treten. Daher müssen alle solche Gegenstände entfernt werden. Das gilt auch für falsche Zähne.

8. Ein weiblicher Proselyt, der vor einem Dreier-Gerichtshof untertaucht, kann dies

auf zwei verschiedene Arten machen. Eine Möglichkeit ist, daß ein dunkles Nylontuch über dem Wasser ausgebreitet wird, so daß der Kopf der Frau durch ein Loch in dem Tuch herausschaut, wobei sie, nach der Annahme des Joches der Gebote, den Kopf neigt und untertaucht. Die zweite Möglichkeit ist, daß sie in einem weiten Kleid eintaucht, das nicht den direkten Kontakt des Körpers mit dem Wasser hemmt.

9. Das Eintauchen erfordert die richtige Absicht von Seiten des Proselyten, d.h. das Bewußtsein und Verständnis, daß er sich durch diesen Vorgang als Mitglied des Volkes Israel heiligt.

10. Ein Proselyt, der nicht beschnitten werden kann, wird nicht aufgenommen.

11. Beschneidung eines männlichen Proselyten kann unter Anästhesie durchgeführt werden, aber vorzugsweise keine Totalanästhesie. Es gibt Gelehrte, die sagen, daß überhaupt keine Anästhesie stattfinden soll.

12. Ist ein Proselyt schon beschnitten, wird durch einen Nadelstich ein Blutstropfen herausgelassen. Dies wird von einem got-

tesfürchtigen Juden in Anwesenheit eines Gerichtshofes vorgenommen und ist symbolisch für den Bund der Beschneidung.

13. Ein Proselyt, der beschnitten wurde, aber noch nicht eingetaucht ist, kann den jüdischen Schabbat vollständig halten. Es gibt aber einige, die das verbieten.

14. Im Augenblick der Beschneidung sagt derjenige, der mit dem Segensspruch beehrt wurde das folgende über einem Becher Wein: »Gesegnet seist du, Ewiger, unser Gott, König der Welt, der uns geheiligt hat durch Seine Gebote und uns anbefohlen hat, die Proselyten zu beschneiden und ihnen das Blut des Bundes zu entnehmen, denn ohne dieses Blut könnten Himmel und Erde nicht weiterbestehen, wie es heißt: 'Wäre es nicht um Meines Bundes willen Tag und Nacht, die Gesetze des Himmels und der Erde würde Ich nicht aufrechterhalten'. Gesegnet seist Du, Ewiger, der den Bund macht.« Der Beschnittene wird gesegnet und erhält einen jüdischen Namen.

15. Im Falle eines Proselyten, der schon beschnitten wurde, wird im Augenblick des sym-

bolischen Einstichs kein Segensspruch gesagt.

16. Nach dem Eintauchen sagt der Proselyt zwei Segenssprüche: »Schehechijanu« – ein Dank an Gott, daß Er ihn am Leben erhält und ihm ermöglicht, ein freudiges Ereignis zu erleben – und »Lehikanes le-Brito schel Avraham Avinu« – ein Segensspruch über den Eintritt in den Bund des Stammvaters Abraham.

17. Nach abgeschlossener Konversion ist der Proselyt verpflichtet, die Gebote wie jeder andere Jude zu erfüllen. Er kann eine Jüdin heiraten und ein vollständiges jüdisches Leben führen, wie jeder andere.

18. Ein nichtjüdisches verheiratetes Paar, welches konvertiert, muß eine neue Hochzeitszeremonie halten, entsprechend dem jüdischen Gesetz, unter Einschluß aller erforderlichen Segenssprüche.

19. Es ist uns als Juden geboten, »mit offenen Armen unsere Brüder aufzunehmen, welche zum Abweichen gezwungen wurden und in Spanien und Portugal Marranos wurden; wir sollen sie im Schutz der Fittiche

der Schechina (Ein Name Gottes) willkommen heißen«.

20. »Man braucht sich keine Sorgen zu machen wegen Heiraten unter Marranen«, denn nichtjüdische Heirat unter Marranen wird nicht als Heirat angesehen. Die heiligen Weisen von Saloniki kamen zu der Entscheidung, daß sogar eine Hochzeitszeremonie, welche von Marranen bezeugt wurde, nicht als Heirat angesehen wird und »daher kein Risiko von Illegitimität besteht«. (Halachische Entscheidung des Rabbiners J.L. Tzirelson, Oberrabbiner der Gemeinde von Kischinew und von Besarabien. Die Entscheidung wurde im Elul 5689 vom zweiten Kongreß der Agudat Israel angenommen).

21. Marranen müssen, falls noch nicht geschehen, beschnitten werden und müssen sicherheitshalber auch untertauchen.

22. Die Gruppe der sogenannten »Bnei Israel« aus Indien ist ohne Zweifel jüdisch und jeder Jude kann einen ihrer Angehörigen heiraten. Man sollte nichtsdestoweniger die Familiengeschichte zurückverfolgen (aus einer Entscheidung des Oberrabbinats von Israel).

23. »Die Falaschas sind Juden, welche vor Assimilation und Absorbtion in die nichtjüdische Umwelt gerettet werden müssen. Sie müssen schnell nach Israel gebracht werden, damit sie in den Wegen unserer heiligen Torah gelehrt werden können. Jeder, der auch nur eine jüdische Seele rettet, wird angesehen als einer, der die ganze Welt rettet.« (Zitiert aus den Schriften des Rav Ovadiah Josef, früherer Oberrabbiner von Israel). Es wurde die Entscheidung erreicht, daß die Falaschas auch untertauchen müssen, um als »Chawer« zu gelten. Dieser Ausdruck bezeichnet die höchste Zugehörigkeit zu den Wegen des Judentums. Manche sagen, daß sicherheitshalber der ganze Konversionsvorgang nötig ist.